세월이 준 선물

조남용 시집

세월이 준 선물

문경출판사

머리말

작가도 아니고 시인도 아닌 평범한 사람으로
공주사대가 길러준 교육자로서
긍지와 사명감으로 천직(天職)을 마쳤습니다.

약간의 시간이 있어
덧없이 흘러간 세월을 회상하고
지나온 추억을 더듬으며
자연과 함께 평소 보고 느낀 감정 등을
두서없이 표현하였습니다.

부족함이 많은 졸작이지만
후손들에게 물려줄까 하는 욕심에서
책으로 엮어 보았습니다.

많은 도움과 격려를 아끼지 않으신
백지시문학회 박종빈 회장님과
편집과 출판을 맡아주신 문경출판사 강신용 대표이사님
그리고 많은 수고를 해주신 임직원 여러분께
깊은 감사의 말씀을 드립니다.

2025년 3월

조 남 용

차례

■ 머리말 · 9

제1부 고향 생각

19 · 고향의 옛 거주지 추억
21 · 샛터 대문안집
24 · 고향의 여름밤
26 · 할아버지댁에 심부름 가는 길
28 · 중산(中山)
30 · 한약방
31 · 금강(錦江)
32 · 고향 마을 추억
34 · 망악골 산길
35 · 내 집
36 · 눈 내리는 날
37 · 내 고향 세도

제2부 세상 구경

41 · 세상 구경
42 · 세도초등 대전 모임
44 · 길
46 · 탈 것
47 · 생로병사(生老病死)
48 · 환상(幻想)의 꿈

49 · 튀르키예
50 · World Cup 대잔치
51 · 젊음의 계절 5월에
52 · 제69주년 현충일
53 · 효문화 뿌리공원
55 · 반가운 얼굴
56 · 청남대
58 · 파수(把守)꾼
59 · 거울
60 · 목적지 없는 여행
61 · 현충일
62 · 젊음들이여
63 · 개교 100주년
65 · 제15회 대전 효문화 뿌리축제

제3부 자연과 함께

69 · 자연과 함께
70 · 금수강산
71 · 산천초목
72 · 태풍
73 · 구봉산

차례

74 · 장태산 휴양림
75 · 깊어가는 가을
76 · 나들이
78 · 산불조심
79 · 오동도
81 · 망망대해
82 · 둠벙 세계
83 · 분재
84 · 새만금 방조제
85 · 산사(山寺)
87 · 계룡산
88 · 안면도 여행
90 · 봄비(1)
91 · 소나무 한 그루
92 · 청성골
93 · 자연의 윤회
94 · 둥지
95 · 어느 가을날
96 · 빼앗긴 세월
97 · 시련을 버리고
98 · 사랑하고 봉사하며

제4부 뒤돌아보니

- 101 · 뒤돌아보니
- 102 · 세월 속에서
- 103 · 88 연수(研修)
- 104 · 여생(餘生)
- 105 · 한가위
- 106 · 황혼 마당
- 107 · 임인 세모(壬寅 歲暮)
- 108 · 초등 친구 여행
- 109 · 생일
- 110 · 목적지 가는 길
- 111 · 옛 생각
- 112 · 어제 같은 오늘
- 113 · 토끼를 보내고 용(龍)을 맞으며
- 114 · 건강길
- 115 · 부부
- 117 · 되돌아 본 천직(天職)
- 119 · 5월의 단상(斷想)
- 120 · 송구영신(送舊迎新)
- 121 · 기해년(2019) 맞이
- 122 · 꿈속에서

차례

제5부 계절의 풍경
- 125 · 양춘가절(陽春佳節)
- 126 · 입춘(立春)
- 127 · 봄맞이
- 128 · 꽃 잔치
- 129 · 봄비(2)
- 130 · 벚꽃 터널
- 131 · 6월
- 133 · 신록
- 134 · 8월을 맞으며
- 135 · 여름은 가고
- 136 · 가을을 기다리며
- 137 · 초가을
- 138 · 가을
- 139 · 가을을 맞으며
- 140 · 가을 풍경
- 141 · 가을비
- 142 · 늦가을
- 143 · 임인(壬寅) 12월에
- 144 · 갑진(甲辰)년 끝날

제6부 옛 추억을 회상하며

- 147 · 존경하는 우리 아버지
- 149 · 그립고 보고 싶은 우리 어머니
- 151 · 하관(下棺) – 조남명
- 152 · 효친(孝親)
- 154 · 과거를 회상하며
- 156 · 스승의 날 단상(斷想)
- 159 · 가을 운동회
- 161 · 추억의 졸업식 노래 가사
- 163 · 오우가(五友歌)

제7부 육필 · 165

제8부 삶의 흔적 · 177

제9부 잊을 수 없는 옛 모습 · 191

제1부

고향 생각

고향의 옛 거주지 추억

 충청남도 부여땅 청용부리
 주산(主山)의 왼쪽 청용 부리같이 쑥 내민 지형
 부모님께서 출생 백일 된 나를 안고 망악골 고개를 넘어
이사하신 첫 정착지다

 동향 집에 앞쪽은 한길과 농수로 넓은 들
 뒤쪽은 나지막한 동산 밑에 배나무, 배롱나무
 왼쪽은 헛간, 오른쪽은 채전밭

 부모님께서는 근면, 성실, 정직으로 불철주야 노력하
시어 차츰 농토를 장만하셨으며
 왜정 말기 1945년에 간단한 면접으로 국민학교에 입학
하였다

 1950년 6.25 전쟁 중에
 아버지 농사일을 도우며
 우리 집안의 전통 가례(家禮)를 익히고
 공부하다 보니 어느덧 날이 밝았던 기억
 1951년 국가입학고사로 중학교에 입학하였다

1953년 샛터 대문안집으로 안착하여
농토와 재산도 늘어 부농(富農)이 되었고
부모님 은덕으로 형제자매, 손자녀들 모두가 잘 배워 지금에 이르렀으나
부모님께서 이 좋은 세상을 못 보셔서 아쉽고 슬프다

샛터 대문안집

먼 동네 사람들도 우리 집 댁호(宅號)를
샛터 대문안집이라고 부른다

현무(玄武)에서 내린 용(龍)의 지기(地氣)를 받아
청룡(靑龍)과 백호(白虎)가 이중으로 길게 환포(環抱)하여
U자형의 땅에 유좌묘향(酉坐卯向)으로
천재지변도 비켜간다

뒤뜰에는 왕대나무숲이 무성하고
아버지께서 심으신 감나무, 참죽나무가 하늘을 찌른다

안채는 일자형으로
안마당에서 두 계단 오르면 뜰
뜰에서 높은 마루로 방과 연결되고
바깥채는 ㄱ자형으로
사랑방, 대문간, 두 칸의 토광(곡식 보관용), 우사(牛舍), 여인용 화장실
초가지붕을 함석으로 개량하니 보기 좋았다

바깥 큰마당에는 창고 건물, 남자화장실, 돈사(豚舍),
퇴비장이 있고
　마당 앞은 바로 우리 문전옥답(門前沃畓)

　대문 밖에는 여름에는 시원하고 겨울에는 미지근한
청정수가
　언제나 넘치는 공동우물
　우리 동네의 젖줄이고 생명수다

아버지께서는 새벽 네시에 나가시어
맑은 공기, 복 많이 들으라고 큰 대문을 여시는데
삐드득 소리에 잠에서 깨어난다

사람들은 대문안집 어르신(아버지), 아주머니(어머니)
큰아들, 큰딸, 둘째아들 … 이렇게 통상 호칭하였는데
지금은 옛집은 사라지고 양옥으로 신축하여
미미한 흔적만 남아 있다

아우(남호)가 고향을 지키며 선산의 조상님을 받들고
유업(遺業)을 이어가고 있으니 든든하고 믿음직하다

지난날 추억에 잠겨 부모님을 비롯한 형제자매들의 영상이
　　그림같이 떠오르고
　　많은 식구가 한 집에서 효성과 우애로 정을 쌓으며 지낸 세월이
　　쏜살같이 지나
　　어느덧 여기까지 왔으니 너무나 허전하고 서글프다

　　언제 또 옛날같이 샛터 대문안집에서 살아볼런지…

　　이제는 남은 여생을 건강하게 보내는 것이 간절한 소망이다

　　부모님이 물려주신 유산, 대대손손 이어져 천년만년 소중하게 간직하고
　　우리 가족 모두 서로 아끼고 사랑하며
　　건강과 행복, 소원성취로 대복을 받길 기원한다

고향의 여름밤

7~8월 해질 무렵 좁은 논둑길로
소 앞세워 깔짐 지고 오시는 우리 아버지

뜨름매미는 참죽나무에서
경쟁하듯 울어대고
집집마다 그림같은 저녁 연기

꽁보리밥에 열무김치 고추장 비빔밥
검붉은 풋고추에 새우젓 강된장
진수성찬이 이 아니런가

바깥마당 넓은 곳에 밀짚방석 펴고
생풀로 모깃불 놓아 구수한 연기 속에
혹여 모기 올까 비닐 비료포대 부채질로
우리 어머니께서는 자식들 곁을 지키신다

밤이 깊어 이슬 내리면
하루 종일 달궈진 좁은 방에
정 깊은 식구들 살 대고 빈틈없이 누워도
꿀잠 들어 여름밤이 짧기만 하다

팽이 치고 미역 감던 옛 친구들은 어디가고
어느덧 세월은 흘러 태양은 서산(西山)에 머무는데
머릿속에 많은 영상들이 끝없이 재생되어
이런 아련한 추억이 언제 또 현실이 되려는가

할아버지댁에 심부름 가는 길

8월의 태양이 이글거리는 삼복에
뼈가 아직 덜 굳은 상태로
밭 가운데와 부엉골 마을을 지나
인적이 없는 망악골 산골길로 접어드니
민둥산에 나무 그늘 볼 수 없고
풀뿌리조차도 귀하다

3km 산길 옆 저수지 물로 우선 더위를 식히고
식수가 없어 목마름을 참으며
시냥골 마을 우물에서 물 한 바가지 퍼 마시니
지금의 청량음료에 비할 손가

한(漢)의원댁 감나무 밑 물렁감으로 요기하고
통매산 여우고개를 넘어
앉은소 바위를 바라보며
목적지를 가까이 두고 더욱더 힘을 내본다

할아버지 할머니, 작은아버지 작은어머니께
공손히 절 올려 인사드리고
주걱수제비로 차려주신 점심이 꿀맛이다

용무를 마치고 방향만 바꾸어 오던 길로 집에 오니
어린 몸이 천근만근이다

중산(中山)

충청남도 부여땅 자연마을 중산(中山)
뒤편에 병풍같은 높은 산
앞쪽은 금강(錦江)으로 흐르는 지천(支川)
청룡(青龍) 백호(白虎)에 둘러싸인 배산임수(背山臨水) 명지(明地)에

勉字 初字(南字 行列의 9대祖) 조상님을 모시고
풍양조문(豐壤趙門) 신리파(新里派) 후손들이
30여 가구 모여 사는 집성촌(集姓村)

집집마다 댁호(宅號)로(산저루댁, 수원골댁, 매울댁, 전주댁 등…) 통칭되고
대부, 아저씨, 형, 아우 등으로 호칭되는 위계(位階)가 뚜렷하며
숭조(崇祖) 돈친(敦親), 예의범절(禮儀凡節)이 철저한 마을 중산(中山)

음력 설날에는 차례와 성묘를 마치고
윗 어른댁을 찾아 세일배(歲一拜) 올리며
"만수무강 하세요" 말씀드리면

"열심히 공부하여 훌륭한 인물 되거라" 덕담과 함께
맛있는 설음식을 내주신다

마을 전체에 새배드리면 피곤하기도 하지만
경로(敬老) 효친(孝親)의 산 교육장(教育場)이었다

오후에는 어른들이 풍물놀이로 가가호호 방문하여
액운(厄運)은 물러가고 행운이 오길 기원하며
준비한 주안상(酒案床)을 맞이한다

낮에는 연 날리고 팽이 치고
밤에는 좁은 토담방에 또래끼리 모여
석유 등잔불 켜고 토론과 윷놀이로 밤을 지샌다

윤리 도덕이 뚜렷하고 풍요로웠던 마을이
지금은 빈집이 많아
황량(荒涼)하기 이를 데 없다

이런 세월이 엊그제 같은데 흘러간 구름같아
허전하고 아쉬운 지난 날
언제 또 아련한 추억이 회생(回生)되려는가

한약방

논길 밭길 지나 산 밑 구불구불
농업용 수로(水路) 뚝방길
윤씨 댁 한 약 방
천정 가득 수없이 매달린 한약 봉지
향긋한 한약 냄새에 취했다

공손히 인사드리고 아버지 병론(病論)을 말씀드려
한문 처방으로
약 3첩에 생강 3첩씩 가미

삭정가지로 불 일어 정성껏 다려 잡수시니
과로의 몸살이 땀 흘려 거뜬히 나으시어
어린 나이에 왕복 4시간 거리는 멀기만 하였으나
기쁨과 보람을 느끼며
효심이 가슴깊이 스며들었다

금강(錦江)

전라북도 장수군 신무산에서 발원(發源)하여
20여 개의 지류(支流)가 합류
5개 시도, 10개 시군을 거쳐 서해에 이르는
400km 국토 중심의 젖줄 비 단 강
무주구천동, 양산8경, 금산적벽 등 자연의 심곡미(深谷美)
대청호, 용담댐 호반의 아름다운 경관, 숲속 둘레길
백제보(洑), 공주보, 세종보는 가뭄과 홍수를 조절한다

유역에 형성된 비옥한 넓은 곡창 평야
백제의 고도 공주 공산성, 곰나루
삼천궁녀 한(恨)이 쌓인 부여 낙화암, 백마강
황포돛대 유람선이 물살을 가르며
구슬프게 백마강 노래를 부른다

군산에서 만선(滿船)의 조깃배 오고
강경 군산 간 여객선 행운환, 금강환 운행
파시(波市)와 수상교통으로 유명했던 3대 시장 강경
과거 영화(榮華)는 간 곳 없고
일제강점기 빈 건물, 인적(人跡) 끊긴 황량한 옛 시장
말없이 도도히 흐르는 강물은 수많은 사연을 아는 듯
옛 모습을 대변한다

고향 마을 추억

청룡 백호 에워싼 아늑한 명당
자연재해도 비켜가는 마을
앞산에 종달새, 뒷산에 뻐꾸기 우는 곳

개나리 진달래 만발하고
앵두꽃 살구꽃 봄꽃 천지
십여 가구 옹기종기 이웃사촌

울창한 대나무 숲, 감나무 그늘 밑 평상(平床)
보리밥 열무김치, 구수한 주걱수제비
생풀 연기 향에 쫓기는 모기떼

문전옥답 황금색 출렁이고
줄지은 감나무에 홍시가 주렁주렁
마당가 코스모스, 국화는 향기로 뽐낸다

썰매타기 팽이치기 저무는 줄 모르고
동치미 국물에 찐 고구마 저녁 간식
등잔불 밑에 부모님 모시고 도란도란 이야기꽃

뒷산에 모신 조상님 산소
수시로 찾아뵈면
말씀 없이 미소로 반기시는 듯

집안 대소사 후에는
아침식사 초대하여 정을 나누고
상부상조 하며 살아온
고향 마을 추억이 새롭다

망악골 산길

구전(口傳)으로 내려온
동서의 지름길 망악골
땔감 없던 50년대
벌거숭이 황무지 산

구불구불 돌고 돌아
몇 고개를 넘고 넘어
인적 없는 험한 길
솔고개 첫 그늘
천국인 듯 시원하다

매일 왕복했던 학창시절
옛 동료들과 걸어보고 싶은
정든 망악골 산길

내 집

앞개울에 발 담구고
뒷동산에 뻐꾹새 우는
철마다 꽃피고
녹색바람 마시며
자연식 식사에
풀벌레 소리 벗 삼아
자연 속 흙냄새 맡으며
도란도란 정답게 사는
시원하고 따뜻한
초가삼간 토담집이면 어때

고대광실(高臺廣室) 안 부럽지

눈 내리는 날

한겨울에 오는 손님
얌전한 함박눈
천지가 소복단장하고
어느 님을 기다리는가

문 유리로 쌓이는 눈 감상하며
찰호박떡 먹던 어린 시절
아버지께서 하신 말씀
추억이 새롭다

썰매타기 눈싸움 하던
낭만의 시절은 꿈같이 지났고
허전한 마음 둘 곳 없는
눈 내리는 쓸쓸한 날

내 고향 세도

금강이 휘감아 도는 안쪽의 기름진 땅
농한기가 없는 특산물 고장
알찬 먹거리로 풍성한 지역
순박한 사투리로 덕담 하는 주민

존경과 사랑으로 예의 바르고
이해와 양보로 다툼 없는
인성 바르고 어진 사람들만 사는 세도

천혜의 땅에 대복을 내리시어
더욱더 발전하고 협심 단결하여
살기 좋은 고장으로 영원무궁하길 기원한다

제2부

세상 구경

세상 구경

긴 여름날에 낮잠 한숨 자고 나니
태양은 어느덧 서산에 기울고
질풍노도, 가시밭길 헤쳐가며
어렵게 올라간 산에서
만산의 풍광을 보았으니
이제는 하산할 때가 되었네

춘풍(春風)에 봄꽃 만발하고
광풍(狂風)에 나무가 뽑히고
추풍(秋風)에 낙엽 지고
삭풍(朔風)에 백설이 덮이니
또 일 년, 찰나(刹那)의 시간은 지나고

남은 세월 맘 편히 살려는데
어느 가수의 노랫말처럼
테스형! 세상이 왜 이래?

다가오는 신축(辛丑)년에는 좋은 날 좋은 곳에서
반가운 얼굴로 박장대소(拍掌大笑)할 날을 기대한다

세도초등 대전 모임

티없이 맑고 쾌청한 가을날에
세도초등 24회 대전 거주 친구들이 모여
황금빛으로 변한 들판, 자연의 아름다운 산야(山野)
건너편 남향의 평화로운 시골마을
금강으로 흐르는 청정수를 바라보며
대청호 인근 한적한 곳에 자리한 카페에서
즐거운 시간을 가졌다

1945년 일제강점기 끝에 입학하여
어려운 시기에 많은 추억을 남기며
6년을 함께 공부한 천진난만한 친구들
어떤 언행도 포용으로 소화되는 죽마고우 친구들
천연의 흰색 그대로 팔십여 성상(星霜)을 지켜온 친구들
언제 보아도 반갑고 정답다

어느덧 무심히 흘러간 세월로
팔십 후반 구십을 바라보는 지금에
건강하게 여생을 사는 것이 제일의 소망이니
심신(心身)의 변화가 찾아오면 쫓아내어
더도 말고 덜도 말고 지금과 같이 오래도록 만나

옛 추억에 잠겨보세

고향의 흙냄새 맡으며 같이 자란
죽마고우 친구들이여!!!

길

거미줄 같은 육로, 바닷길, 하늘길, 우주길
진흙길 포장길, 자갈길 꽃길
오르고 내려가는 길, 넓은 길 좁은 길
사통팔달(四通八達) 뚫린 길

우주길을 개척한 위대한 대한민국
달나라 정보위성 띄우고
세계 7대 위상 높은 우주강국
우주길은 영원한 우리의 길

편한 길로 오는 사람, 힘든 길로 가는 사람
세상은 무한 변화하니
희망의 끈을 굳게 잡고
어둠 속에서 밝은 길을 찾는다

목적지는 누구나 한 곳
지름길로 빠르게 가지 말고
세상 구경 자연풍광 감상하며
돌아서 가는 느린 시골길

생각 따라 길은 바뀌니
어느 길이든 불평 자만 없이
정도(正道)로 세상을 바라보면
꽃길 앞에 서게 된다

탈 것

옛날 과거 보러 한양 천리길
괴나리 봇짐에 짚신 매달아
몇날 며칠 걸어서 도착하니
기진맥진 탈진한 심신으로
장원급제, 삼현육각(三絃六角) 앞세워
말 타고 금의환향(錦衣還鄉)

하늘길, 바닷길, 땅에도 수많은 탈것들
다양화된 현대사회에 필요한 교통수단

순간의 방심으로 탈것 사고 사망자
연간 3천여 명
고통과 시련을 안기고
귀중한 생명과 재산을 잃는
비참한 현실을 개선할 수 없는가

가장 안전한 것은
부모님이 주신 두 발로 열심히 걷는 것

생로병사 (生老病死)

온 세상 생명체는 생(生)하면 사(死)한다는 철칙(鐵則)
지난 세월이 가져다 준 노(老)로 인한 병(病)
중간에 노와 병이 있어 고통을 받는다

모든 생물은 생에 대한 애착으로 몸부림치는 본능(本能)
병원마다 환자, 보호자, 가족들로 북적이고
침대, 휠체어, 지팡이 등으로 이동하는 환자
각종 영상촬영, 검사와 치료, 병도 가지가지
의사와 간호사는 철야로 환자 곁을 지킨다

사람마다 일념(一念)은 오직 한 가지
통증에서 빨리 벗어나 건강하길…

조물주가 인간을 창조할 때
생, 로, 사 이면 되는데 병은 왜 넣었을까

수많은 환자들의 빠른 쾌유(快癒)를 빌며
병 없는 건강한 삶을 기원해 본다

환상(幻想)의 꿈

무한경쟁 삶 속에서
생존과 도태의 갈림길에
백합향기 날리며
원대한 그림도 그려보았지

한숨 자고 나니
태양은 기울어 석양빛
화사한 봄꽃 피었던 지난날
모두가 잠시 지나간 환상의 꿈

주먹 쥐고 태어나, 주먹 펴고 가는 인생
다시 오지 않는 오늘
마음 비우고 어울리며
건강하게 살아봅시다

튀르키예

혈맹으로 맺어진 형제의 나라 Türkiye
역사 깊고 유적 많은 평화로운 나라 옛 국호 터키
예고 없는 7.8의 강진으로 수만 명의 사상자
대형 도시가 사라진 지구촌 비극

대한민국 구호대가 선발(先發) 도착하여
산같이 쌓인 벽돌더미 속에서
귀중한 생명을 구하고 구호품 전달
현지의 찬사와 국위를 만방에 떨쳤다

한순간에 가족과 삶터 잃은 이재민의 심정을
어떻게 위로할까
또다시 이런 비극이 없길 기원하며
안타까운 연민(憐憫)의 정이 흐른다

World Cup 대잔치

자랑스런 대한민국 16강 진출을 축하하며

험난한 고난의 길 통과한 32개국
지구촌 축구 대잔치 카타르(QATAR) 2022

푸른 잔디광장
선수 발끝 따라 뒹구는 공
우레같은 함성과 일체된 응집력
나라와 인종은 달라도 한 마음 한 뜻

각자 조국을 대표하는 명예를 안고
각양각색 관중의 시선을 받으며 달리는 선수들
1점의 승부로
환호와 자멸감, 감격과 통탄의 눈물이 교차한다

최종 목표를 향한 치열한 경쟁에서
생존과 도태가 공존하며 발전하는
World Cup 대잔치

젊음의 계절 5월에

날아라 누리호 자랑스런 태극기 달고 우주 속으로
힘차게 달려라 대한민국 융성하는 국운 안고 세계 속으로
세계 7대 우주강국 우리나라
오래오래 높이높이 힘차게 날아라

메마른 대지에 기다리던 단비가 내려
생명은 활기를 찾고 구름같이 성장하니
희망과 용기를 주어 영원히 빛나리라
자랑스런 대한민국

젊음의 계절 5월에
패기 넘치는 추진력으로
나라의 위상(位相)이 위성(衛星)처럼 치솟아
일등 대한민국 국민의 흐뭇한 자부심

5월은 가정의 달, 보은의 달 … 바쁜 한 달
기온도 시간도 푸르름도 만족한 달
욕심이지만 항시 이대로만
피곤한 시계바늘은 쉬어도 좋은데

제69주년 현충일

맑은 하늘 짙푸른 산야
목화솜 뭉게구름 떠도는
깊은 산 음지 골짜기
이름 모를 야생화 한 송이
순국 영혼의 환생이런가

낮에는 햇님이
밤에는 별님이 지켜주는
원한 품은 구멍 뚫린 철모
산새와 대화하며
영원무궁 자유 대한민국 지켜주소서

효문화 뿌리공원

충효사상이 땅속 깊이 녹아 있는 충청도
한밭고을 넓은 곳에 아늑하고 산수 좋은 명당
이백사십여 문중의 조형물과 유래비
전국 유일의 효문화 학습명소 뿌리공원

모든 생명체는 근본에서 탄생되고
근본은 뿌리에서 성장하여
화려한 꽃과 열매를 맺어
후대를 이어 간다

사람은 누구나 시조님의 피와 얼을 받아
수십 대를 이어온 후손들
선조님에 대한 공경심과
부모님에 대한 효행을 두텁게 실행하여
대대손손 면면(綿綿)히 이어왔다

효는 백행의 근본이며 천륜(天倫)의 진리인데
시대 변화에 따라 소홀한 경향
효의 사상을 더욱 승화시켜
인간 본연의 윤리도덕을 함양하고

올바른 인성과 인격도야로
효문화 뿌리를 깊게 정착해야겠다

〈풍양조씨 宗報 제55호 게재 원고(2024년 상)〉

반가운 얼굴

1954년 명문(名門) 중학교 졸업 후
각자의 위치에서 열심히 공헌(貢獻)하고
70여 성상(星霜)이 지나니
백설이 내리고
세월의 선물 계급장만 늘었네

1951년 6.25 전쟁 중에
학제 개편으로 중·고가 분리되어
낭청(浪靑) 성냥공장 건물로 이사
목화밭 보리밭을 우리나라 지도 호수로 만들고
깨진 유리창에 황소바람
합반 수업으로 열심히 공부했지

오랜만에 만난 다섯 친구
옛 필름 영상 재생하며
덕담과 미담으로
하루의 시간이 짧기만 하였고

반가운 얼굴들
건강한 모습으로
오래 보면 좋겠다

청남대

충청북도 청주시 상당구 문의면 청남대길 646
구불구불 돌고 돌아 산새도 쉬어가는 깊숙한 곳
1983년 건립, 2003년 개방된 대통령 별장 청 남 대
하늘 덮인 교목(喬木)의 가로수 길
낙엽 쌓인 나목(裸木)은 앙상하다

초병(哨兵) 막사를 뒤로 하여
굳게 닫혔던 첫 번째 철제 관문 통과 후
장대같은 두 번째 철제 관문을 지나니
구중궁궐에 오는 듯하다

대청호반 풍광 좋은 곳 55만 평 부지에
267종의 관상수, 야생화를 인형같이 가꾸고
골프장, 조깅길, 산책길, 오각정, 초가정 등
본관 안의 각종 시설이 다채롭다

나는 새도 떨어뜨린다는 권세
개미도 꼼짝 못하는 철통(鐵桶) 경비 속에
국정에 지친 심신을 휴식하며
나라를 위한 산뜻한 정책 구상했겠지

외롭던 초목(草木)도 기지개를 켜며
수많은 관광객을 맞아 대화하고
벌, 나비도 날개를 활짝 펴
꽃을 찾아 자유롭게 앉는다

파수(把守)꾼

높은 빌딩 넓은 도로
오색찬란한 광고물
바쁘게 좌우로 오가는
수많은 인파와 자동차

삼색 불빛 도로의 파수꾼
횡단보도 교통 신호등
녹색 불 기다리는 사람, 적색 불 기다리는 자동차
두 눈 부릅뜨고 지켜본다

오랜 세월 변화 없이 오염 공기 마시며
반듯한 자세로 정확한 시간에 맞춰
안전과 질서를 지켜주는 파수꾼 신호등
고맙고 감사하다

거울

얼마나 변했을까 가끔 거울을 본다
팽팽했던 모습은 간 데 없고
세월의 계급장만 늘어
다른 모습을 보는 듯하다

꾸밈없이 사실대로 비춰주는 거울
외면은 잘 보이는데
한 치도 안 되는 내면은 모르겠네

인간의 본능은 잘못은 감추고
유리한 것만 챙기는 것이니
내면을 볼 수 있는 거울이 있으면
세상은 조용하겠지

거짓 없는 거울로 못된 짓을 비추어
진솔(眞率)한 사회가 되면 좋겠다

목적지 없는 여행

떠도는 구름, 불어오는 바람, 흘러가는 물
어디로 갈까?
목적지 없는 여행

인생도 고속 세월열차 타고 달려와
잠시 쉬어가는 정거장
목적지 없는 여행

서산(西山)의 쌍무지개 바라보며
지난 여행 회상하니
많은 사연들이 교차하는 감회(感懷)

무거운 짐 내려놓고
마음만 실은 완행열차로
목적지 없는 여행

현충일

예순 여덟 번째 맞는 현충일
국태민안(國泰民安) 위해
목숨 바친 호국영령을 높이 기리는 날

국가와 민족을 위해 순국하신 선열(先烈)
적의 총탄에 떨어진 꽃송이 국군장병
화마 속의 인명 구출 소방관
국민 안전 보호 경찰관
모든 분께 깊은 감사의 묵념을 올린다

이 분들의 희생으로 국가와 민족이 존재하는
오늘의 의미를 되새기며
전국이 조기(弔旗)의 물결로 덮여야 하는데
많이많이 아쉽다

젊음들이여

낮인 듯 하면 밤
월초인 듯 하면 월말
연초인 듯 하면 연말
초침(秒針)은 절대 멈추지 않는다

정처 없이 흐르는 구름의 물속 그림자
바람에 날리는 깃털
물 위에 떠내려가는 낙엽
역주행 없는 일방통행

젊음들이여
시간처럼 흐르는 꾸준한 변화는 발전하고
정체는 썩기 마련이니
촌음(寸陰)을 아껴 야망(野望)찬 도전으로
대성(大成)할 지어다

개교 100주년

10월 상달 하늘 열린 날 3일
1924년 황금들 중앙에 개교한 배움의 전당
모교 세도초등학교
개교 100주년 기념 잔치가 열렸다.

가을 하늘에는 높이 뜬 애드벌룬이 축하하고
경향 각지에서 구름같이 모인 동창, 선·후배의 만남
박장대소, 환호성이 메아리친다.

  1부 식전행사. 세도 풍물회와 재학생 공연 외 3단체 공연
  2부 기념행사. 학교 연혁, 경과 보고, 기념품 전달,
              은사님 소개, 기념사, 축사 등
  3부 축제의 장. 면민노래자랑 등 다양한 프로그램

면내 11개 리 천막에는 수많은 인파, 박수와 단합의 장

꿈과 희망을 길러준 정든 교실 등 옛 흔적은 찾을 수 없고
한 세기를 지켜온 소나무동산만이 아는 듯 반긴다.

7,200여 명의 인재들을 길러낸 역사 깊은 우리의 배움터

지금은 34명의 전교생, 안타까운 현실
모교가 더욱더 발전하여 오래도록 인재양성 학교로
영원무궁하길 기원하며 다시 한번 뒤돌아보았다.

이번 기념행사를 통하여 학교와 지역사회, 동창회가
혼연일체가 되어 인구 증가로 모교가 발전하고
세도면의 위상이 더욱 높아질 것으로 기대하며

그 동안 큰 행사 준비에 헌신적으로 노력하신
총동창회장님, 박준창 준비위원장님과 임원 여러분의
노고에 깊은 감사를 드립니다.

2024년 10월 4일

24회 趙南容

〈「세도초등학교 개교 100년사」 게재 원고〉

제15회 대전 효문화 뿌리축제

하늘 높고 청명한 2024년(甲辰) 10월 12일
250여 문중 뿌리공원 광장에
공중에는 애드벌룬과 드론이 축하비행하고
전국에서 구름같이 모인 후손들
각양각색 퍼레이드 잔치에
함성과 박수는 안영고을에 가득하다.

명문 풍양조씨 깃발과 문중기를 앞세워
가을 미풍에 도포자락 나풀거리며
33번째 선비 걸음으로 입장하니
남녀 아나운서의 유창한 문중 소개
환영의 박수소리 가슴이 뿌듯하다.

전국 유일의 효문화 뿌리축제가
자신의 뿌리를 찾아
효의 정신을 승화시키고
윤리 도덕을 함양하는 축제로
영원무궁하길 기원한다.

〈풍양조씨 宗報 제57호 게재 원고(2025년 상)〉

제3부

자연과 함께

자연과 함께

우리는 자연의 고마움을 잊고 산다
태양, 공기, 물, 땅이 있어 살지만
흔하게 널려 있으니 고마움을 모르고
없어야 그의 귀중함을 안다

자연은 모든 생명체 구성의 근원인데
인간은 자연을 훼손 파괴하여
태풍, 홍수, 가뭄 등의 자연재해 원인을 제공하고
천재지변은 인간에게 부메랑으로 되돌아온다

자연은 천 년 만 년 지나도 불변이고
언제나 같은 시기에 같은 현상을 연출하는데
인간은 부질없는 탐욕으로 마음이 변하여
지탄(指彈)의 대상이 된다

위대한 대자연의 순리에 적응하며
자연과 함께 여생을 살련다

금수강산

동북아 끝자락 요충지
반만년 역사를 지켜온 한(韓)민족의 땅
비단에 수(繡)를 놓은 아름다운 우리 국토
용맹한 호랑이가 포효(咆哮)하며 천하를 호령한다

허리 잘린 지 칠십여 성상(星霜)
앞발톱으로 할퀴고 뜯는 싸움에서
문화와 정서는 이질화되어
유아독존(唯我獨尊) 정저와(井底蛙)

비옥한 땅에 풍요와
경제대국 부(富)를 누리며
최첨단 과학기술 문명에
행복한 자유민주주의 대한민국

전쟁보다는 평화를
멸시보다는 화해를
독존보다는 참여로
세계를 정복할 호랑이 날을 기대해 본다

산천초목

산천(山川)에는 해동(解凍)과 함께 남풍을 타고
봄소식이 전해오는 절기에 맞춰
초목은 누구의 명(命)을 받아 일제히 소생하는가

낮에는 햇님, 밤에는 달님 별님의 따스한 손길
봄비 이슬 머금은 작은 눈(芽) 속에서
답답함도 잊은 채 일 년을 기다려
아름답고 고운 자연 색깔의 꽃과 잎이 피었다

야생화도 일 년을 준비하고 내년을 기약하는데
우리는 지난 세월 쳐다보며 허무함에 젖는다

발달된 첨단과학의 힘으로도 할 수 없는
대자연의 위대한 변화에
인간의 초연(超然)함도 작게만 보인다

태풍

열대 해수면 온도 상승으로
저기압 중심에 수증기 가득
바람은 소용돌이 만들어
태풍의 씨앗 탄생

6호 태풍 카눈
천재지변 세력은
한반도 정중앙 종단
곳곳에 많은 흔적을 남겼다

반갑지 않은 단골손님
발달된 과학의 힘으로
씨앗을 제거할 수는 없을까
머지않은 날을 기대해 본다

구봉산

대전 남쪽 병풍처럼 연결된
칼등같은 아홉 봉우리 구봉산(九峯山)
해발 264미터 나지막한 석산(石山)
일봉에서 구봉까지 능선 위의 외길 등산로
행여 넘어질세라 조심조심 오르내리는 좁은 자갈길

친구들과 중간 중간 쉼터에서
올라오는 숲바람 마시며 목도 축이고
견우직녀 만나는 구름다리 건너
정상 구봉정(九峯亭)에 이르니

사방팔방 막힘없이 시원한 경관 대전시의 전경
유등천 상류가 휘감아돌아 이룬 회룡포, 노루벌
멀리 보이는 높고 낮은 산 산 산

매년 2월에는 무사태평 기원하는 산신제 올리고
만인의 건강을 지켜주는 명산
영원하리라 구봉산

장태산 휴양림

대전광역시 서구 장안로 461 (장안동)
해발 374미터 장 태 산
30여만 평 산지에
메타세콰이어가 하늘 가린 장태산 휴양림

언제나 맑고 깨끗한 1급수 냇물이 흐르고
스카이타워, 출렁다리, 분수대, 숲속의 집, 전망대 …
각종 편의시설이 갖춰진 대전 8경의 한 곳

신록의 물결, 여름의 휴양처, 화려한 단풍, 장엄한 설경
사계절 정취가 달라지는 휴양림
시원한 숲속의 피톤치드 마시며
하루가 짧기만 하다

전국 관광객의 찬사를 받으며
오래도록 건강을 지켜주는 대전의 자랑
영원하리라 장태산 휴양림

깊어가는 가을

고교한 가을 달빛 받으며
구슬피 울던 풀벌레 소리 멈추고
시베리아 소식 안고 날아든 기러기
스산한 바람은 단풍잎을
머리 위에 앉힌다

새봄에 비단결같이 돋아나
한여름에 패기 왕성한 젊음을 자랑하고
가을이 되니 낙엽은 눈(芽)으로 월동하여
다시 내년 봄을 맞는다

수목은 자연의 원리에 순응하여 무한히 순환하는데
인간은 하늘에 흘러가는 흰 구름

흐르는 물같이 다시 오지 않는 지난 세월
저녁노을 바라보니 남은 해는 석양에 가리고
겨울의 문턱에서 회상에 잠긴다

나들이

해맑은 가을햇살 받으며
안식구와 큰아들 셋이서 가을 나들이에 나섰다
시원하게 뚫린 고속도로
끝없이 이어지는 자동차 행렬

무주IC를 나와
만인에게 넉넉한 덕을 품은 국립공원 덕유산(德裕山)
수많은 관광객과 함께
스물여섯 개의 곤돌라 기둥을 통과하여
도착한 곳은 해발 1,520미터 설천봉

영하의 날씨인 듯 느껴지는 한기(寒氣)
산 아래 골짜기의 그림같은 마을
수백 년 나이를 알 수 없는 상록수 구상나무와
이름 모를 고목(古木)이 우리를 반긴다

활엽수 군락을 황적색으로 염색한
대자연의 솜씨 앞에서는
발달된 과학문명도 자연의 변화에 초라할 뿐이다

수목은 연약한 눈(芽)으로 월동하여
봄이면 신록(新綠)의 연초록 물결로 또 우리를 맞겠지

광활한 덕유의 위대한 품에서
포근하게 감싸인 나들이

산불조심

해마다 봄철이면 연례행사처럼
인재(人災)로 여러 곳에서 번지는 산불
산지와 수목은 큰 화상으로 황량(荒凉)하다

1950년대 땔감이 없어
나무뿌리, 풀뿌리조차 캐내어
전국이 벌거숭이 민둥산

연탄 생산으로 난방과 연료를 해결하고
산림녹화, 사방공사 사업으로
푸른색 산지 옷을 갈아입힌 지 70여 년

긴 세월 공들여 가꾼 숲이 한순간에 잿더미
인명과 재산 피해, 생태계 파괴, 산사태 …
복원에 또 반백 년 이상
너무나 안타깝다

산불 원인을 색출하여
일벌백계(一罰百戒)로 엄벌하고
전 국민이 산불감시원이 되어
귀중한 산림자원을 지켜야겠다

오동도

섬 아닌 섬 육지와 연결된 여수 오동도
오동잎 닮았다는 오동도
동백나무 군락지 오동도
전국에서 구름같이 모이는 관광객
신난다 동백열차

모진 해풍과 함께 자란 동백숲
붉은 동백꽃은 님 기다림에 지쳐
변색되었는가
일편단심 애잔한 마음

미로같은 숲길 꽃향기에 취해
꽃 천지 그늘에서 생각한다
바위틈에 자란 동백나무 자생력
자연이 준 천혜의 경관

저 넓은 바다 위의 그림같은 섬 섬 섬
뱃고동 소리는 멀어지는데
애절한 갈매기 울음소리

어미가 새끼 찾는 울음일까
새끼가 어미 찾는 울음일까
천륜(天倫)을 찾는 울음소리

망망대해

갈매기도 떠난 망망대해
돌고래 벗을 삼아
거센 풍파 이겨내는
가랑잎같은 돛단배

창공을 머리에 이고
새하얀 달빛 아래 북극성 방향 찾아
바람 따라 물결 따라
어느덧 흘러온 구만리

무인도에 닻을 내리고
향긋한 흙냄새
시원한 원시림
자연이 준 천혜의 땅

남은 길 어디로 얼마인지
아무도 모르는
망망대해 이름 없는 외딴 섬에
구수한 바다 내음 묻고 싶어라

둠벙 세계

논 가에 자그마한 둠벙
송사리 등 작은 물고기들의 조용한 놀이터
자연 생태계 축소판

어느 날 갑자기 뛰어든 불청객 미꾸라지 한 마리
평화롭던 둠벙 속은
먹고 먹히는 전쟁터

가물치 없는 곳에 왕이 된 미꾸라지는
미끄러워 비웃는 듯
요리조리 잘도 빠져나간다

좁은 공간 둠벙에서
꼬리치며 교만(驕慢) 떨지만
환경이 바뀌면 역시 피식자

둠벙 세계는 항상 이전투구(泥田鬪狗)
흐리고 혼탁한 물
많은 물고기들은 맑고 깨끗한 물을 원한다

〈속담〉 미꾸라지 한 마리가 온 둠벙물을 흙탕물로 만든다.

분재

깊은 산속 절벽바위 틈
청산(青山) 자연 속에 만고풍상 수십 년
기형(畸形)으로 자란 것도 서러운데
죄 없이 잡혀와

사지가 잘리고
철사에 묶이어
달빛 이슬 머금고
별빛 보며 자라

어느덧 고목이 되어
아픈 데가 많겠지만
미소로 반기며
외로운 노화(老花)로 사랑을 받는다

새만금 방조제

깊고 넓은 바다를 막아
지평선을 만든 총길이 약 34㎞
지도가 바뀌고 기네스북에 등재된
세계에서 가장 긴 새만금 방조제

밑넓이 평균 290m, 높이 평균 36m, 배수갑문 2곳 외
많은 양의 흙과 자갈은 어떻게 공급받았을까

총면적 409㎢에 첨단산업단지, 신도시 등 조성
공사기간 19년 100% 국내기술로 건설한
자랑스런 대한민국의 위상에 가슴 뿌듯하다

산사(山寺)

돌고 돌아 열두 굽이 오르내리며 도착한 곳
현무(玄武)에서 내려온 S자형 용맥(龍脈)
좌우로 에워싼 청룡(靑龍), 백호(白虎)
수려한 안산(案山)
교아(交牙)의 수구(水口)로 보이는 넓은 광야
산 중턱 명지(明地)에 자리한 고즈넉한 산사

바위틈에서 솟아나는 생명수로 갈증도 풀고
산숲바람 마시니 산기(山氣)가 충만하다

부처님 앞에 무릎 꿇고 앉은 여승(女僧)의 가냘픈 목탁소리
무슨 사연 안고 깊은 산중에 왔을까
부처님의 자비(慈悲)에 귀의(歸依)하여 중생을 구제하는
심오(深奧)한 철리(哲理)를 득도(得道)
속세(俗世)의 번뇌(煩惱) 잊는 염불(念佛)일까

보살님이 내주시는 산사의 차(茶)
산새들도 반가운 듯 지저귀며
다람쥐는 발끝까지 와 아양을 떨고
벌, 나비는 꽃을 찾아 앉는다

무(無)에서 무로, 공(空)에서 공으로 돌아가는 인생사
부질없는 탐욕, 복잡한 세상사 모두 버리고
부처님의 가르침과 자연의 교훈을 배우며
무심(無心)으로 청결한 곳에서 건강하게 살고 싶다

계룡산

유서 깊은 명산 계룡산(鷄龍山)
해발 845미터 천황봉을 비롯한
쌀개봉, 관음봉, 삼불봉, 연천봉으로 이어진
닭벼슬 모양의 산
천년고찰 동학사, 갑사, 신원사 등의 관광지
거미줄같이 연결된 안전한 등산로
전 국민의 사랑을 받는다

볼거리, 즐길거리, 먹거리 Healing에 만족한 산
끝없이 밀려오는 인파
아늑한 품속의 산세(山勢)는 미소로 맞이하며
아낌없이 베푼다

이씨 조선 건국 신도읍지 흔적
시대의 변천으로 상전벽해(桑田碧海) 계룡시
명산의 정기를 받아 철통같은 나라의 안보
영원하여라

안면도 여행

늦가을 한가한 주말에 안식구와 막내아들, 셋이서
가을 햇살에 오색 단풍 감상하며
둘째아들이 기다리고 있는 편안히 잠자는 섬
안면도 대법원 사법역사문화교육관으로 향했다

대천에서 원산도까지는 해저 80m 지점에
길이 6,927m의 해저터널로 세계 5위이고
원산도에서 안면도 영목항은 원산안면대교로
길이 1,750m는 바다 위에 떠 있는 높은 다리
이렇게 큰 공사를 할 수 있는 우리나라의 기술에
찬사를 보낸다

목적지에 도착하니 중후하며 실내외 환경이 청결하고
서해바다를 향하여 석양이 아름다우며
한 시간 소요의 해변 숲길도 산뜻하다

꽃게 주산지에서 꽃게 요리로 저녁 식사하고
RESOM 콘도 Cafe의 coffee 맛은 일품이며
잠자리덧 없이 편안히 잤으니 역시 안면도다

안면도수목원의 쭉쭉 뻗은 연붉은색 안면송(松)은
국가 보호 하에 궁궐 등 건축에 이용되는
귀중한 존재로 넓은 군락지에 자생하고
healing의 시설도 잘되어
맑은 공기로 건강해졌다

꽃지해수욕장은 넓은 광장에 시기별로 꽃축제가 열리고
할미 할아비 바위는 이승에서 깊은 애정으로
저승에서도 바위가 되어 바다 위에 서있는가…
많은 사람들의 사랑을 받는다

1박2일 일정이나 좋은 곳에서 좋은 구경 하고
의미 있는 가을 여행이었다

봄비 (1)

우수(雨水) 절기에
봄비가 내린다

자연의 순리 따라
만 생명 일깨우는 봄비

앙상한 나무에
살찌우는 봄비

꽃망울 재촉하는
보석같은 봄비

잔잔한 이슬같이
대지를 녹이는 봄비

어제도 오늘도, 들에도 산에도
하염없이 내리는 봄비

소나무 한 그루

심산유곡(深山幽谷) 절벽바위 틈에
언제인가 솔씨 하나 흩날려
몇백 년 자라온 나이도 모르는
소나무 한 그루

작은 키에 굵은 허리
앙상한 가지에 짧은 잎이 가련하다

자연의 변화에 적응하며
만고풍상(萬古風霜) 속에서
묵묵히 인고(忍苦)의 세월을 이겨낸
강철보다 강한 생명력에 감탄한다

인간들에게 주는 교훈(敎訓)을 음미하며
하늘이 주신 수명이 다할 때까지 건실하게 자라다오

청성골

비옥한 물길 따라
펼쳐진 고장

하늘이 점지하신 청 성 골
사세(四勢) 뚜렷한 천하의 명당

수많은 서화, 오래된 유물
국보급 박물관

천혜(天惠)의 저택
달통하신 신선, 교양미 넘치는 선녀

오래도록 간직하고 싶은 하루의 시간
청정(淸淨) 고을에서 만수무강 빕니다

자연의 윤회

만물이 생동하는 이 봄에
눈부시게 화사했던 봄꽃은
어느덧 낙화 되어 꽃눈이 내리는데
날씨는 봄같지 않네
(春來不似春)

오묘한 자연의 섭리는 거스르지 못하고
고속으로 지나는 세월에 윤회를 거듭하니
수많은 지난 일들이 어제같은데
무거운 번민 버리고 가볍게 살아야지

둥지

물새는 물 위에서 풀잎으로
산새는 나무 위에서 삭정이로
참새는 건물 틈에 마른 식물뿌리로
제비는 인가에 진흙으로
둥지를 짓고 알을 낳아
새끼를 키워 날려보낸다

사람도 때가 되면 정든 부모님 품에서 떠나
새 둥지에서 반복을 거듭하고 거듭하고~~~
옛 둥지는 노부모가 의지하며 사는 안식처

둥지는 사람과 동물들이 같은 원리로
천만 년 계속된 생활의 3대 기본, 주(住)

어느 가을날

물감으로 그릴 수 없는 높고 푸른 하늘
잔잔한 호수 속 산 그림자
양털 같은 어느 가을날
멀고 가까운 경관을 본다

따스한 햇살 받아 통통 영근 먹거리
제철 찾아 향기 날리는 국화
인파(人波)에 손짓하는 오색 단풍, 억새꽃 단지
자연은 어찌 한 치의 어김도 없는가

높은 산 낮은 산
날이 답게 색동옷으로 갈아입고
내년의 젊음을 준비하며
아름다운 노년을 자랑한다

흘러간 세월 속에 옛 모습은 찾을 수 없고
깊어가는 가을, 고운 잎은
산골 물에 실려 정처 없이 떠나는 여행
다시 오지 않는 흐르는 계절
허전하고 서글퍼진다

빼앗긴 세월

동산에 이글거리며 치솟는 태양
어느덧 중천(中天)을 지나니
향기 짙은 꽃, 튼실한 열매도 시들고
두텁게 푸르던 잎은 나목(裸木)이 되어
광야에 백설 날리면
새봄이 다시 오는 순행의 연초(年初)

젊은 태양은 기다림 없이
쏜살같이 흐르는 물줄기에 실려
목화솜 구름에 노을 진 힘없는 석양빛
빼앗긴 세월에 높게 쌓인 시련 내리고
고달픈 몸 쉬어본다

시련을 버리고

북극성 별빛 받아
여명(黎明)을 헤치고
실같이 가냘픈 햇살
어제같은 오늘 탄생

어둠에서 광명을 찾아
동산에 솟는 태양을 맞으며
활기찬 아침을 연다

언제나 변함없는 태양, 공기, 물은
어제도, 오늘도, 또 내일도 …
무료 무한리필 인데
나이테만 늘어 무거운 어깨

돌아올 수 없는 세월의 흔적
무거운 짐 미련 없이 날리고
앞으로만 가는 행진곡에 발맞추며
대자연 속에서 건강하게 삽시다

사랑하고 봉사하며

지구의 공전속도 초속 30km, 자전속도 초속 460m
광(光)속도로 흘러가는 세월 속에
눈 뜨면 하루, 자고 나면 한 달
초침은 쉬어도 좋은데 앞으로만 달린다

전반기 하지(夏至) 지나니 반환점 돌아
후반기 동지(冬至)가 기다리고
또 일 년이 더해져
덧셈만 있고 뺄셈은 없네

부담 없이 베푸는 태양, 공기, 물 …
자연의 무한 혜택 받으며 살아온 수십 년
사랑하고 봉사하며 감사하고 건강하게
모두가 열심히 살아야지 ~~~

제4부

뒤돌아보니

뒤돌아보니

부모님과 천륜으로
어머님의 진통 끝에
두 주먹 불끈 쥐고 알몸으로 태어나
눈 떠 보니 광명천지 밝은 세상

천진난만 철없던 시절
열정으로 앞만 보고 달려온
전광석화같은 세월에
인생 철들만 하니 황혼이 되었다

일제강점기, 6.25 전쟁, 4.19, 5.16 혁명 등
혼란기에 열심히 공부하였고
처음부터 이어진 시험으로 낙오 없이
후회와 아쉬움도 많았지만
40년의 공직을 무사히 마쳤다

천년배필 배우자 만나
삼형제 아들 며느리 효도 받으며
병원 문턱 밟지 말고
건강하게 사는 것이 제일의 소원이다

세월 속에서

또래 친구 만나 철없던 시절
썰매 타고 팽이 치던 시절
명절날 기다리던 시절
천진난만(天眞爛漫)했던 어린 시절

지나고 나니 모두가 추억이고

소(초등)학교 입학부터 시험으로 시작하여
각급 학교 입학시험
전무후무한 최종 학교 졸업 학사(學士)고시
승진, 전문직 전직(轉職) 시험 등…

희로애락(喜怒哀樂) 세월 속에서
산수(傘壽) 후반에 오니
지난 세월 후회도 하며
청순(淸純)했던 어린 시절이 그립다

88 연수(研修)

35년 전 사병에서 장교가 되는 과정
높은 경쟁을 통과한 각지에서 모인 43명
4주간 자격연수로 맺어진 인연
정해진 위치에서 책임과 의무를 마쳤다

40여 성상(星霜)을 한결같이 묘목을 심어
양분과 전지(剪枝)로 수형(樹形)을 바로잡아
반듯한 재목으로 길러내니
사용처가 다양하여 보람을 느낀다

무심한 세월은 흘러 흘러
어느덧 태양은 서산에 머무는데
노익장을 자랑하는 아홉 명
불원천리(不遠千里) 달려왔다

고장 없는 열차는 황혼역에 도착하고
꽃향기 내품던 그 시절 회상하며
후회와 반성으로
건강한 여생을 맞으련다

여생(餘生)

지나온 길은 잠깐이고
앞길은 얼마 남았는지 모르는데
세월이 준 흔적은 어느 누구도 거역 못 하는 노화(老化)
청춘들아 늙었다고 무시 마라
잠시 후의 자화상(自畵像)

잠깐 왔다 쉬어가는 인생(人生)
우주 속의 사막 모래알 같은 미미(微微)한 존재
높은 벼슬, 권세가, 재력가면 뭐하나
자고 나면 잠시의 꿈인데
고통보다는 마음 편한 서민(庶民)이 낫지

힘찬 아침에 동산(東山)에 솟는 이글거리는 태양
하루가 피곤한 듯 서산(西山)에 머문 황혼 빛으로 길을 찾아
따뜻하고 시원하고 안락한 곳에서
건강하고 마음 편한 여생을 원하는데…

한가위

한가위, 음력 8월 정(正) 가운데
보름달이 크게 뜨는 날

해 뜨고 지고 바람 부는 똑같은 날에
명절이라 정(定)하여
한가위 준비에
동분서주 바쁘다

햇곡식 햇과일로
조상님께 차례 올리고
산소에 성묘 인사 드리니
자손의 자부심이 흐뭇하디

예쁜 옷에 맛있는 음식
풍성했던 옛 시절은 역사 속에 잠기고
친척들 오랜만에 만나
못 다한 대화가 아쉽다

황혼 마당

늦가을 목화송이 흰구름 덩이
느슨한 남풍 타고
만나고 헤어지며
어디로 누굴 찾아 가는가

무심한 바람, 흐르는 물
스쳐간 시간, 떠가는 구름처럼
세월은 흘러 흘러
여기까지 왔는데
눈 떠 보니 한 순간의 꿈이런가

거스를 수 없는
서산에 걸친 태양
황혼 마당에서 허전한 마음
그래도 함박웃음 지어본다

임인 세모(壬寅 歲暮)

오늘 지나면 내일이 오고
또 오고 또 오고 이렇게
삼백육십오 날
어느덧 호랑이 세모를 맞아
지난 시간이 찰나(刹那)의 한 순간

세모와 신년의 일출 태양은 같은데
사람들의 마음을 들썩이고
산으로 바다로 전국을 누빈다

정초(正初)가 되면 세모가 오기 마련이고
또 그렇게 반복되길 수십 년
젊은 나이테가 늙어져 백발에 잔주름
서쪽 하늘 세모의 태양이 엷게 보인다

초등 친구 여행

팔십 후반 여덟 명 하루 여행
가을 햇살 좋은 날에
완행열차 차창 너머 알알이 영근 가을 풍경
남쪽 마을 바닷가 종점

끝없이 넓은 바다 바라보니 모두가 동심
가슴을 열고 지난 일을 회상하며
무겁게 지고 온 짐, 모두 파도 속에 던진다

바다 냄새 풍성한 진수성찬
서로 먹으라고 챙겨주며
미담 대화로 정은 깊어지고
이런 기회가 또 있을런가

지난 슬픈 역사를 대변하는 흔적을 보며
힘없어 빼앗긴 나라 없는 백성
수탈과 창씨개명으로 인권 없는 노예
과거를 교훈(敎訓)으로 호랑이 대한민국
세계 속의 강력한 우리나라

생일

4월의 어느 날씨 좋은 휴일
명산(名山) 계룡의 정기 받은 한적한 곳
자연의 청결 공기 마시며 전 가족이 모여
사랑하는 아들, 며느리가 준비한 식사와 차(茶)

나이를 대신한 촛대 수를 보며
건강과 감사함이 함축된 축가
지나온 세월의 흔적이 모래알같이 쌓였다

어느덧 성인이 된 손자녀, 아직은 고사리 손에
효심과 공경심이 녹아든
정성껏 준비한 할머니 생신 선물, 고맙다

우리의 간절한 소망은 오직 건강
우리 가족 모두가 건강하여
행복한 가정에서 소원성취
이것이 가장 이상적인 삶이다

목적지 가는 길

어제도 오늘도, 또 내일도 길을 간다
자연과 대화하는
발자국 소리에
들꽃도 반기는 꽃 길

밑창 너덜거리는 신발에
돌멩이 웃음소리 들으며
비바람 눈보라 몰아쳐도
쉼 없이 가는 자갈 길

봄꽃 천지, 시원한 녹음
낙엽 밟으며, 첫눈 내리는 날에
문득 깨어보니
지나온 수십 년 포장 길

밤낮 없이 흐르는 세월
신발 속 모래알 꺼내며
거북이 걸음 돌고 돌아
머~언 훗날 목적지 가는 석양 길

옛 생각

뒷동산은 근처만
뒷산은 이웃 마을
높은 산은 멀고 넓은 시야(視野)

마을길 한 길 자동차 길
소류지 산골 저수지 대형 저수지
시냇물 강물 바다로 이어지는 생각

좁은 시야와 생각을 단계적으로 넓히고
개인이 가진 적성과 희망의 잠재력을 계발하여
더 넓고 높은 곳으로 인도하는 교육

지식과 인성을 길러주는
존경받는 선생님
꿈과 희망을 심어주는 선생님
아마도 옛 생각이 천성(天性)인 듯하다

어제 같은 오늘

어제가 오늘 되고
오늘이 내일 되는
우주 불변의 철칙
온 길은 되돌릴 수 없고
남은 길은 모르는데
소리 없이 흐르는 세월

희로애락 지나온 삶의 흔적
허공에 외쳐본다
벌써 여기까지 왔느냐고 ~~
어제 같은 오늘 또 내일
변함없이 영원하리라

토끼를 보내고 용(龍)을 맞으며

전 세계 토끼 경주 대회에서
태극 토끼가 앞발로 온 힘을 다해 뛰려는데
고질병으로 썩은 뒷발이 받쳐주질 않아
힘들게 우승한 우리 토끼에게 찬사를 보내며
부패한 뒷발을 과감한 수술로 도려내야지

성(聖)스런 동물 용을 맞아
안보와 경제가 튼튼하여 국민이 행복하고
법과 원칙이 바로 선 평화로운 우리나라
태극 깃발 높이 달고 승천하는 용의 기상으로
세계 열강대열 선두주자 대한민국

지난해의 액운(厄運)은 역사 속에 깊이 묻고
작열(灼熱)하는 태양과 함께
탄생하는 갑진(甲辰)년은
건강과 행운이 가득한 우리 국민

건강길

향기 짙은 이상(理想) 꽃동산 바라보며
무거운 짐 모진 세파 헤치고
수십 년 걸어온
가시밭길 구만리

어깨 눌리는 짐 내리려고 풍파에 지친 몸
가시에 할퀴고 심신이 허약해져
아득히 흘러간 지난 세월

서산(西山)에 시든 꽃 바라보며
절뚝 다리 이끌고 가야 할
건강길은 얼마나 남았을까
아무도 모른다

부부

한 세월 따라 가다 보니
거짓말같이 어느 덧 여기까지 왔네
생(生)에 대한 의욕 하나로
지치고 힘드는 줄 모르고 달려온 우리

어리기만 하던 사랑하는 우리 아들 삼형제
밝고 올바르게 이만큼 자라서
품 안을 떠나 새로운 둥지에 안착하니
대견하고 감사하다

그 많은 세상사람 모두 제치고
일갑여년(一甲餘年) 동고동락한
애지중지 우리 안식구
치가(治家)와 내조에 고생 많았는데
여생에 아픔만 남아
속상하고 안쓰러운 말을 어떻게 다 표현할까

옛 둥지에 나이든 원앙새 한 쌍
서로서로 의지하고 위로하며 내몸같이 아껴
사랑하는 아들 며느리 짐이 안 되게

건강하게 살게 해주시옵길
조상님께 두 손 모아 비옵니다

되돌아 본 천직(天職)

1960년 초 교사 임용이 어려웠던 시절
군 단위 18학급 중학교에 첫 발령
70여 명의 학급 학생 박수 환영 받으며
첫 교단에 서니 감격하였다

많은 수업 벅찬 업무 정확히 소화하고
9개월 근무 후
명산(名山)의 정기 어린 군내 유일한
역사 깊은 중·고등학교에 부임

친절한 선배 선생님
사랑받는 제자
정 깊은 학부모
꿈같이 지낸 3년

도간(道間) 이동 발령으로
한밭 땅에 둥지 정하고
이곳 저곳 정든 교실, 정든 제자
교육 전문직, 학교 책임자로
약 40년의 천직이
주마등같이 어른거린다

칠십 초반이 된 제자들이
지금까지 잊지 않고 연락하여
반가운 얼굴 보니 고맙고 감사하다

5월의 단상(斷想)

온 천지 녹음 짙은 검푸른색
넝쿨장미 흐드러진 붉은 울타리
담쟁이덩굴로 덮인 벽돌담
보라색 등나무꽃 늘어진 쉼터
새들의 대화 소리 들으며
끝없이 넓은 창공에
정답게 나는 황새 한 쌍
남쪽 어디엔가
사랑하는 새끼 찾아 가겠지

산골마다 가득찬 밤꽃 향기
바람 따라 창가에 스미고
연중 가장 긴 낮 시간
태양빛 흠뻑 받아
변화하는 자연 속에
덧없이 흘러간 세월
어제같은 옛 추억 더듬으며
서산 해 바라보니
깊은 상념(想念)에 잠긴다

송구영신(送舊迎新)

신록 물결 따라 봄꽃 잔치
녹음 짙은 개울가 피서
배부른 먹거리 낭만의 단풍
백설 날리며 불어오는 삭풍에 놀라

눈 떠보니 촌시(寸時)에 간 데 없고
복(福) 토끼 열두 마리도 덧없이 자라
엄동설한 깊은 산속으로 가출하니
계묘년의 허무한 끝자락

연초 인사 어제같은데
망년(忘年)이 기다리고
먼 역사 속으로 묻힌 토끼
일갑(一甲)년이 지나면 돌아오겠지

고귀한 상상의 동물 용(龍)을 새해로 맞아
값지게 국민들이 행복하고
값지게 국운이 승천하여
갑진(甲辰)년은 세계 속의 자랑스런 일등 국민

기해년(2019) 맞이

백화만발에
신록 물결이 춤을 추고

폭염으로 대지가 이글거리며
만물이 힘차게 성장하고

그윽한 국화향기 천리를 뿌리며
녹음이 단풍으로 물들고

혹한과 백설이 광야에 덮이어
어느덧 무술년 세모가 되었네

기해년 복돼지를 맞이하여
건강과 행운을 빌어본다

꿈속에서

부모님과 천륜으로 태어나
귀여움 받으며 세상 구경
돌부리에 채이고 호기심 많은
천진난만한 유년기

낯선 친구 낯선 환경에서
비단같이 soft한 두뇌와
높은 파지(把持)력으로 넓은 세상 보이는
순진무구(純眞無垢)한 동심의 시절

자갈길에서 꽃길을 찾는
생존과 도태가 반복되는 소리 없는 경쟁
사즉필생(死則必生) 정신으로
오직 노력만이 생존

전광석화(電光石火) 같이 지난 세월
어느 덧 믿어지지 않는 연년(年年)이 쌓여
남가일몽(南柯一夢) 꿈속에서
깨어 보니 일장춘몽(一場春夢)

제5부

계절의 풍경

양춘가절(陽春佳節)

엄동설한 지나니
남풍(南風) 따라 찾아온 양춘가절
목화솜처럼 보드러운 봄볕은
대지 속 생명의 늦잠을 깨우고
졸 졸 졸 흐르는 실개천 버들강아지 그늘 아래
헤엄치는 새 생명 올챙이 무리

혹한의 한파를 인고(忍苦)로 이겨낸
앙상한 가지에 매달린 작은 눈(芽)
먼저 봄을 알리는 산수유, 매화꽃은
어머니의 품속처럼 따스한 봄을 기다렸겠지

텃새들도 짝을 찾아 집을 짓고
활기차게 소생하는 뭇 생명체
봄은 만물의 모태(母胎)인 듯
따뜻하고 생기 넘치는 아름다운 계절

앞으로만 달리는 세월 속에서
자연의 변화에 순응하여
백화 만발하고 신록 춤추는 황금기를 연상하며
양춘가절의 소망은 모두의 건강이다

입춘(立春)

立春大吉 建陽多慶

봄기운을 받아 크게 길하고
경사스런 일이 많기를 기원

혹독한 추위가 물러가고 봄이 시작되는
24절기 중 첫 번째 절기 입춘

겸하여 음력 정월 보름 희미해진 세시풍속
쥐불놀이, 달집태우기, 지신밟기 등 …
오곡밥, 부럼 깨기, 귀밝이술, 고사리, 호박고지, 무나물
두부는 건강, 김은 노적가리 쌓고 …

입춘과 대보름은 건강과 국태민안(國泰民安)을 기원
듣기 싫고 보기 싫은 뉴스
오래 썩어 냄새 짙은 산같은 쓰레기 더미
쥐불놀이로 태우던가, 녹지 않는 흰눈으로 소복(素服)
하면 어떨까
국민들은 원한다, 하루 빨리 국태민안을 …

봄맞이

눈 녹은 개울가
버들강아지

봄 소식에 놀란
도룡뇽 산란

앙상한 가지에
물 오르는 소리

봄 향기 풍기는
망울진 꽃눈

텃새도 기지개 켜는
봄맞이

꽃 잔치

영하 20도 북극 강추위 이겨내고
자연의 개화시기에 맞춰
온 천지에 봄꽃 잔치 열렸다

우아한 목련꽃, 화사한 벚꽃, 개나리, 진달래, 매화
싸리꽃, 유채꽃, 씀바귀꽃, 잡초꽃, 수많은 무명 꽃 …
형형색색(形形色色) 자연의 꽃 색깔

공원은 시민 잔치, 산에는 등산객 잔치
도로변은 관광객 잔치, 들에는 농부 잔치
남녀노소 전 국민의 꽃 잔치

벌, 나비도 잔치 집 찾아 예쁜 날갯짓
사람들은 꽃그늘에서
핸드폰 카메라가 바쁘다

우리도 꽃향기 내뿜던 시절 생각하니
녹슨 머리에 기억은 감감하고
시든 꽃이나마 남은 세월 뽐내며 살아봐야지

봄비(2)

간밤에 새봄을 재촉하는 봄비가
살며시 내려 메마른 대지를 적시고
북극 한파에 동토(凍土)를 녹여
땅속 생명에 봄소식을 노크하는 봄비

뿌리의 모세관 원리로 앙상한 가지 끝까지 올라
혹한과 갈증으로 고생했던 생명체에 영양을 주어
아름다운 꽃과 잎을 피운다

따스한 봄날에 꽃향기는
꽃바람에 실려 살포시 안기겠지

벚꽃 터널

좌우 도로변 따라 젊은 벚나무
하늘 덮은 가지마다
소담하게 핀 벚꽃 터널
도보로 왕복거리 1km는 되는 듯하다

꽃에 취하여 색깔이 옷을 적시고
쥐어짜면 꽃물이 나올 것만 같으니
꿀벌도 꽃인 양 주변을 맴돈다

일본 국화(國花)라고 등한시했으나
많은 사람에게 즐거움을 주는데
꽃에 국경이 있을까

일본, 우리를 수차례 괴롭힌 잊혀지지 않는 역사
우리의 가슴에 잊을 수 없는 깊은 앙금
이제는 시대 변천으로 잘못을 인정하면
대륙의 넓은 품으로 섬나라를 안아
화해와 용서로 국익과 안보에 상조(相助)하여
무궁화와 벚꽃이 공존하는 국화(國花) 터널을 기대해 본다

6월

> 호국 보훈의 달
>
> 순국 영령의 무훈을 높이 기리며
> 조국의 품에서 편히 잠드시옵소서

계묘(癸卯)년 전반기 반환점 끝 달
산천은 혈기왕성한 청년기
욕심도 소망도 많았지만
여의치 못한 것이 인간사

모든 사물은 시작과 끝이 있듯이
세상에 영원한 것은 없고
한때의 영화(榮華)는 찰나(刹那)의 시간
잠시 자고나니 허황(虛荒)한 꿈

과거 고관 벼슬이면 뭐해
나오면 똑같은 서민
후덕한 사람이 더 존경받고
인성 좋은 사람이 더 훌륭한 걸

멀어진 세월 속에 묻힌
천만 가지 사연 회상하며
아쉬운 미련 천리만리 밖에 던지고
너털웃음 한번 크게 웃어 보자

신록

천하의 자연이 내린 계절에 맞춰
앙상한 가지마다 연초록 옷을 입히고
아기 손등같이 곱고 보드란 신록(新綠)의 물결
자연의 변화는 컴퓨터보다 정확하다

명경지수(明鏡止水) 호수에 비추인 산 그림자
물속에 산이 있고 신록이 너울너울
바람의 심술로 산산조각
자연은 퍼즐을 맞춰주겠지

전 국토 산천마다 그림같은 신록
품 안에서 신선한 공기 마시며
세상 시름 모두 잊고
유유자적(悠悠自適) 삶도 그려본다

한 계절 지나면 낙엽 되어 탈의(脫衣)하고
나목(裸木)으로 엄동을 이겨내
작은 생명체는 새봄을 맞는데
우리는 신록의 시절이 다시 오지 않는다

8월을 맞으며

8월은 젊음의 달
검붉은 태양은 대지를 달구고
산으로 바다로 인산인해
힘찬 함성이 하늘을 찌른다

수년간 땅 속에서 변태하며
세상 구경 30여 일
어쩌면 주어진 운명을 원망하는 듯
음정 박자 일정한 짙푸른 숲 속의 가수 매미

석양(夕陽)을 보며 여명(黎明)을 맞으니
동분서주 24시간이 짧기만 하였고
까맣게 잊혀진 8월같은 황금기
영상을 되돌려도 희미해진 철없던 시절

무심히 흘러간 세월
덧없이 변한 모습
8월의 젊음처럼
건강하고 당당하게 살아야지

여름은 가고

한증막같은 계속된 폭염
최장 기록 깬 열대야
추분 절기 지나니 닫아지는 창문
갑진년 여름은
60년 후에 다시 오겠지

바다로 계곡으로
젊음이 넘치는 인파
무성한 여름은 가고
자신의 운명을 아는 듯
구슬픈 매미의 옛 노래

서늘바람 따라 떠나는
무덥고 지루했던 긴 여름
잠시만 참으면 저절로 가는 것을
북풍 눈보라 문틈에 때리면
멀리 있는 여름이 기다려진다

가을을 기다리며

작열하는 불꽃 태양 아래
물렁한 아스팔트
폭염은 체온을 오르내리고
잠 못 이루는 열대야

자연의 순리 따라
여름의 참맛을 느끼며
고통도 행복이니
머지않은 가을을 기다려 본다

초가을

장애물 없이 무섭게 흘러간 세월
초가을 서늘바람 맞으니
숲속 여름 가수는 간 데 없고
풀벌레 소리 가냘프다

따끈한 초가을 햇살 받으며
알알이 영그는 먹거리
한없이 베푸는 자연의 품속에
목화솜같이 포근히 잠든다

초가을 바람에 하늘거리는 오색 코스모스
분주하게 날으는 고추잠자리
짙푸르던 녹음은 엷어지고
계절에 순응하여 변하는 자연

세월은 변화를 낳고
변화는 발전하며 이어지는 역사 속에서
흔적 없이 떠나는 흰구름에 실려
정처 없는 초가을 뜬구름 여행

가을

7년을 땅속에서 변태한 후 태어난 참매미 등 10여 종
짙푸른 녹음 속에서 번식을 위한 울음으로 구애하다가
10여 일의 일생을 마치고 흔적도 없네

채색(彩色)으로 표현할 수 없는 높고 푸른 가을하늘
땅이 내어준 풍성한 오곡백과
하늘거리며 반기는 코스모스와 억새꽃
고추잠자리는 높이 날고
국화향기 백리(百里)를 퍼지네

휘영청 밝은 달빛 받으며
구슬피 우는 귀뚜라미, 풀벌레
서늘한 가을밤은 깊어가는데
만상(萬象)이 교차하는 추억 속에서 밤새 뒤척이네

자연은 한 치의 어김도 없이 순환하는데
흘러간 물은 되돌릴 수 없듯이
앞으로만 흐르는 세월 속에서
계묘(癸卯)년 가을을 기다려 본다

가을을 맞으며

높은 하늘 시원한 바람
휘영청 밝은 달빛 받으며
구슬피 우는 귀뚜라미
적막한 가을밤 풀벌레 합창곡
잔잔한 호수에 낙엽 비추는 달빛

황금방석 깔아놓은
끝없이 펼쳐진 지평선
오곡백과 여무는 소리
풍년가 부르며 춤추는 고추잠자리

살랑바람에 하늘거리는 코스모스
청초(淸楚)한 외로운 들국화
월동 준비에 바쁜 다람쥐
만곡이 넘쳐나는 가을
그러나 무언가 허전하고 쓸쓸한 계절

낙엽 지는 서산마루 바라보며
구름 따라 물 따라 바람부는 대로 살아야겠다

가을 풍경

들녘에는 천년만년 먹거리
황금 유리판 지평선
빨강 노랑 탐스런 열매
눈부신 과수농장

맑고 높은 하늘 선선한 바람
억새꽃 너풀거리고
앞산도 뒷산도 높은 산 낮은 산
오색물감 색칠한 산 산 산

통통한 제철 어종
찢어질 듯 그물 올리는 어부
전국 방방곡곡 국화 천지
향기에 젖은 벌들의 세상

월동 준비 분주한 여인들
멍석 위 붉은 고추
춤추는 고추잠자리

산해진미 풍성한 평화로운 대한민국
자손만대 영원하여라

가을비

이별한 여름의 눈물인가
하염없이 내리는 가을비

겨울을 재촉하는 전령(傳令)인가
으스스한 가을비

냉기서린 가을비에
산색(山色)은 오색으로 짙어가고

깊어가는 가을밤 빗방울 소리
허전한 마음 달래보며

우울하고 스산한 계절
가을비에 실려 보낸다

늦가을

양털같이 보드라운 11월 하순
황금빛 너울거리던 지평선
사료덩이만 뒹굴고
앙상한 감나무
까치밥이 외롭다

태양은 서산에 기우는데
석양빛 받으며 나는 기러기
얼마나 남은지 모르는
정처 없는 무거운 발길
낙엽 쌓인 쉼터에 앉아본다

고왔던 단풍은
찬바람에 흩날리고
무서리에 시든 덩굴식물
벌, 나비도 찾지 않는 향기 잃은 국화
우리의 자화상인 듯
깊어가는 삭막한 늦가을

임인(壬寅) 12월에

천하의 맹수 영특(英特)한 동물 호랑이
열한 남매는 어느덧 성장하여
각기 살 곳을 찾아 떠나갔고
벽에 걸린 외로운 한 마리

마지막 남은 한 마리도
급유수(急流水)같은 세월 따라
우리 곁을 떠날 날이 머지않은데
허전한 마음 어찌할 건가

이제는 귀여운 재롱으로 사랑받는
토끼 열두 남매를 맞아
건강하게 길러
모두가 행복해야지

갑진(甲辰)년 끝날

용(龍)의 해 음력 섣달 그믐날에
입춘 새봄을 시샘하듯
겨울 끝자락 위력을 뽐내는
함박눈이 조용히 쌓인다

오염된 지구촌, 어지러운 세상
흰눈으로 모두 쓸어내고
먼저 해치지 않는
을사(乙巳)년을 맞아
깨끗하고 평화로운 세상을 원한다

제6부

옛 추억을 회상하며

존경하는 우리 아버지

1906년(丙午) 음력 8월 12일에 탄생하시어
1984년(甲子) 음력 9월 5일에 향년 79세로
사랑하는 가족들의 애절한 울음 속에서 떠나신지
어느덧 40 성상(星霜)이 흘러간 지금
존경하는 우리 아버지께 간략한 추모의 글을 올립니다.

천성이 근면 절약 성실하신 성품으로
농사를 천직으로 아시고 불철주야 노력하시어
자수성가 하신 우리 아버지

어려운 가정에서 자라셨으나 예의범절 바르고
상하 간 원만한 대인관계로 대소 행사에 초청되어
주도하셨습니다.

어머니를 맞으시어 슬하에 일곱 남매 두시고
비록 나는 못 배웠어도 자식들은 가르쳐야 한다는
오직 교육 일념으로 모두 교육시켜
반듯하게 키워주셨으니
이보다 더 큰 은혜 끝이 없습니다.

우리집에 법조인을 일구월심(日久月深) 소망하셨는데
자식들이 이루지 못한 소원을 손자가 이루었으나
그토록 원하던 것을 못 보시고 가셨으니 더 애통합니다.

효성이 지극하시어 친·양(親·養)가 부모님과 선대 산소에
입석하시고 산소에 눈 덮이면 쓸어내리시며
매일 새벽마다 성묘 문안 인사드리는 효심은
누구도 추종 못 합니다.

회상해 보면 생전에 효도한 것은 없고 불효함 뿐이어서
후회막심하며
(**不孝父母死後悔 : 朱子**)
철없는 불효자식 용서를 빕니다.

이외에도 수많은 사연과 업적을 어찌 모두
글로 표현하겠습니까.
어머님과 대화하시며 극락왕생하시어
천년만년 영화를 누리시길 축원 드립니다.

큰아들 남 용 **再拜** 올림

그립고 보고 싶은 우리 어머니

그립고 보고 싶은 우리 어머니께 간단한
추모의 글을 올립니다.

논산 광석면 명문 용인(龍仁)이씨 가문에서
1920년(庚申) 음력 1월 8일에 탄생하시어
2022년(壬寅) 음력 3월 20일에 향년 103세로
눈에 넣어도 아프지 않을, 그토록 사랑하시던 자손들의
애절한 울음소리도 뒤로 하시고
다시 못 오실 길을 떠나신지 어느덧 3년
그 동안 아버지와 옛이야기 많이 하셨겠지요.

천성이 근면 절약 성실하시고
다정다감하신 자애로운 성품으로
내조와 자식 사랑, 교육에 모범이 되신 우리 어머니

어려운 집안 살림에도
슬하에 일곱 남매 키우고 교육시켜
모두 반듯하게 자라 세상에 내놓으시니
이보다 더 큰 은혜 끝이 없습니다.

자동차로 모시고 나들이 나가면
산천 경치 구경하며 기뻐하시고
운전 조심 하라는 심심한 당부 말씀
지금도 귓전에 들리는 듯 ~~~
소박한 한정식, 면 요리를 즐기셨습니다.

천추의 한(恨)은 살아계실 때 효도 못한 죄
지금에 후회한들 이미 멀리 간 뉘우침
(*不孝父母死後悔 : 朱子*)
철없는 불효자식 용서를 빕니다.

고생 많이 하신 우리 어머니
수많은 사연 어찌 모두 글로 표현하겠습니까.
아버님과 대화하시며 극락왕생하시어
영원토록 영화를 누리시길 축원 드립니다.

그립고 보고 싶은 인자하신 우리 어머니
많이많이 사랑하고 존경합니다.

큰아들 남 용 **再拜** 올림

하관(下棺)

조남명

  백 하고 석 살 여인의 명정과 공포가 봄 하늘을 나부끼고 뒤따라 이중 꽃상여 행렬이 청송리 푸른 들판 길을 돌아 평소 살았던 아들 집 텅 빈 마당을 한 바퀴 갈지자로 최후로 돌았네. 못다 입고 못다 쓰고 이번 가면 영결일세 요량잡이의 애절한 선소리에 후렴으로 받는 어허 어허 어허야 어헤 대매꾼의 상여소리와 검은 상복에 완장 차고 리본 맨 오륙십 명의 번족한 아들 딸 며느리 사위 상주들이 뒤따르며 슬퍼하는 곡소리가 동네를 다 집어 삼켰네. 언덕 위의 수선화도 절을 하네. 노제를 올리고 조문을 받은 꽃상여는 좁은 논뚝 길을 지나 먼저 와 기다리고 있는 영감 묘 옆에 다가와 정좌 했네. 땅 속 회사무리 관을 열고 오시를 맞춰 하관을 하였네. 상여에서 관을 풀어 일곱 매 묶은 수의로 싼 몸을 무명 띠 여섯 가닥으로 들어 광중에 모시었네. 병자생 임자생 피하시오 좌와 분금을 맞춰 안치되고 자손들이 고운 흙 한 삽씩 헌토가 시작되고 관에 흙이 채워져 시신이 차차 안 보일 쯤 자손들의 마지막 울음소리가 터지고 청실홍실 폐백이 놓이고 명정이 덮이면 흙이 쌓이고 잔디가 덮여 합폄 봉분이 오르고 비로소 이승에서 살았던 부부가 사십 년 만에 저승에서 다시 신방을 차렸네.

            -豊壤趙氏 門中 趙南容 母喪 2022.4.23.(음 3.23)

효친(孝親)

父兮生我하시고 母兮鞠我하시니 哀哀父母여
生我劬勞셨다 欲報深恩인데 昊天罔極이로다
                – 詩經(중국에서 가장 오래된 시집)

아버지는 나를 낳게 하시고 어머니는 나를 기르셨으니
가엾으신 부모님이여
낳아 기르시느라 애쓰고 수고하셨네
그 깊은 은덕을 갚자오면 하늘같이 끝이 없도다

孝於親이면 子亦孝之하나니
身旣不孝면 子何孝焉이리오
                – 太公

어버이에게 효도하면 자식 또한 효도하나니
이 몸이 이미 효도하지 못하였으면
자식이 어찌 효도하리오

樹欲靜而風不止하고 子欲養而親不待라
            – 漢詩外傳 9권(漢나라 때 韓嬰이 지은 책)

나무는 가만히 있으려 하여도
바람이 멈추지 않아 흔들리고
자식은 어버이께 효도하려 하여도
어버이는 기다려주지 않는다

不孝父母死後悔
　　　－朱子十悔

부모에게 효도하지 않으면 돌아가신 뒤에 후회한다

〈참고〉 불러도 대답 없으신 안 계신 부모님 생각이 나서
　　　뉘우치는 심정으로 몇 가지 써보았다.

과거를 회상하며

兩家의 부모님이 맺은 약속
거역하기 어려워 얼굴도 안 보고
약혼 사진 찍던 날 사진관에서 처음 만나니
부끄럽고 쑥스러워 말도 못 하였다

庚子년 길일 길시를 택하여
名門家 廣州李氏 안마당에서
서천 수왕고을 큰 동네잔치에
수많은 하객의 축복을 받으며
우리 민족의 전통 혼례를 올렸다

天生配匹을 맞아 두 번째 인생이 시작되어
아끼고 사랑하며 아들 삼형제를 낳아 기르고 가르쳐
모두 올바르게 자라주었으니 고맙기만 하다

가문의 전통과 문화가 다른 낯선 집에 와서
부모님 사랑과 동기간의 우애로
바쁜 가정사에 잘 적응하였으니 참으로 고생 많았다

天性이 온순하고 희생적이며 근검절약 정신이 깊이 배어

박봉의 월급으로 治家와 교육을 슬기롭게 이루어
경제적 自立의 기틀을 마련하니 안정감이 든다

교양과 知性을 겸비한 心性 곱고 孝誠 깊은 세 명의
며느리는 명문가인 全州李氏, 烏川鄭氏, 晉州姜氏
집안에서 맞아
우애 깊고 화목한 우리 가문에서
귀여운 손자녀를 보니 예쁘기만 하다

정직과 친절, 신뢰로 폭넓은 사회활동에서 칭송을 받는
효심(孝心) 깊고 믿음직한 세 아들이 같은 지역에 있으니
든든하고 사랑과 친밀감이 더해져 자랑스럽다
언제 또 이런 좋은 시간이 있으련가

어느덧 우리가 만난지 일 甲年이 지나고도 2년이 되었으니
이제는 가고, 보고, 먹고, 입고 싶은 것들을 찾아
마음 편히 여생을 즐겨야 하는데
세월이 준 선물로 Hospital 출입이 잦으니 원망스럽다

자손들에게 짐이 안 되는 삶이 최상의 소망이고 바람이다

스승의 날 단상(斷想)

스승의 날 발원은 1958년 충남 강경여자고등학교(現 강경고등학교) 청소년 적십자 단원들이 병환과 퇴직 은사님의 위문을 시작으로 1963년 청소년 적십자 중앙회에서 5월 26일을 은사의 날로, 1965년에 세종대왕 탄신일인 5월 15일을 스승의 날로 지정하여 오늘에 이르고 있으며, 2000년 5월 15일에 학교 교정에 대한적십자사에서 스승의 날 기념탑을 건립하였다.

스승의 날을 계기로 교권의 존중과 공경의 풍토를 조성하고 선생님들의 사기를 진작시키며 사랑스런 제자들이 고마움을 되새기는 날로서, 어떤 향응이나 대가를 받는 날이 절대로 아니다.

과거 농경시대는 인간미(人間味)와 윤리 도덕이 살아 위계가 뚜렷하여 예의 바르고 질서 있는 사회였는데, 급속한 과학문명의 발달로 생활은 편해졌으나 삭막한 세상이 되었다.

극히 일부지만 사제 간의 충돌, 추문, 자식의 행패(行悖) 등은 인간이기를 거부한 배은망덕한 악행이고, 금수(禽獸)만도 못한 짓거리는 인성(人性) 교육 부재에서 온 결과라 생각하며 개탄(慨歎)스럽다.

교육의 기본은 가정교육인데 항상 바쁜 일상에 쫓겨

가족 간에 대화가 없고, 학교는 학생 인권만 있고 교권은 없으니 선생님의 올바른 지도를 폭행이라 신고하고, 학부모가 험악한 욕설과 행패로 교권을 무시하는 것은 자식의 교육을 포기하여 패륜아(悖倫兒)로 만들려는 짓이다.

군사부일체(君師父一體)는 아득히 흘러간 옛말이고 사제 간에 동등한 위치에서 존경과 사랑은 희박해졌으나, 진솔한 마음으로 선생님을 공경하고 제자를 사랑으로 포용(包容)하여 이루어지는 사제 간의 교감(交感)은 보람된 교육으로 승화(昇華)될 것이다.

참스승은 지식만 가르치는 것이 아니고 삶의 지혜와 참인간을 만드는 것이 스승이며, 제자는 스승의 가르침을 받아 참된 인재로 성장함이다.

선생은 있으나 스승은 없고, 학생은 있으나 제자가 없다는 스승의 날, 부끄럽고 자존심 상하는 날이다.

그러나 과거 어려운 환경에서도 교육을 천직으로 알고 성심성의를 다해서 키운 재목들이 국가와 민족을 받들고 있다는 자부심으로 긍지와 위안을 가진다.

지금도 어느 도서벽지 외딴 곳에서 묵묵히 사랑이 넘치는 제자 교육에 열성적으로 헌신하고 있는 선생님께

존경과 박수를 보내며, 또한 따뜻하고 사랑이 가득한 교육현장에서 사제 간의 신의와 존경과 사랑으로 더 알찬 교육이 이루어지길 기대하면서 스승의 날에 자축(自祝)해 본다.

특히 우리 풍양문중 장학생들이 수강하는 풍양조씨 연수원(경북 상주시 소재) 교육은 머리(지식) 교육이 아니고, 인간과 인성, 윤리 교육을 기본으로 뿌리를 통하여 나를 알고, 국가 발전에 기여한 공(功)이 큰 선조님의 후예라는 자부심으로 훌륭한 인물이 되어 빛내주길 바란다.

趙南容

〈풍양조씨 宗報 제54호 게재 원고(2023년 하)〉

가을 운동회

높고 청명한 가을 하늘에 펄럭이는 만국기
경쾌한 음악과 함께 설레는 아침 시간
면내 유일의 초등학교 운동회가 열리는
면민(面民) 축제의 날

전교생이 청군 백군으로 나뉘어 머리띠 두르고
교장선생님의 훈화와 국민체조
행진곡에 발맞추어 행진
지정된 장소에 질서정연하게 앉는다

학급별로 조별 6명씩 100미터 달리기, 5등에 머문다
여학생들의 부채춤은 관중의 열광적인 박수
백군 청군 단체전
손바닥이 터지도록 당기는 줄다리기, 기마전, 400미터
계주 등…
흙먼지 속에서도 청군 이겨라, 백군 이겨라
상처쯤은 아랑곳하지 않고 목이 터져라 응원
패팀은 승팀에게 축하의 박수를
승팀은 패팀에게 감사의 인사

구름같이 모여드는 학부모와 가족들
입추(立錐)의 공간이 없고
소나무 그늘에서 가족과 함께 먹는 점심 식사는 꿀맛

어른들의 각 리(里)별 달리기, 모래주머니 메고 달리기, 내빈 경기
어머니 2인 3각 경기, 손님 모시기, 사제 경기 등은
환호와 웃음이 절로 난다

전교생에게 주는 연필 한 자루, 어찌나 소중하고 감사한지
멀리 흘러간 옛 추억들을 더듬어 생각하니
티 없이 맑은 그 시절이 현실인 듯 눈에 밟힌다
친구들이 그립다

추억의 졸업식 노래 가사

1946년 윤석중 작사, 정순철 작곡

빛나는 졸업장을 타신 언니께
꽃다발을 한아름 선사합니다
물려받은 책으로 공부를 하며
우리는 언니 뒤를 따르렵니다

잘있거라 아우들아 정든 교실아
선생님 저희들은 물러갑니다
부지런히 더 배우고 얼른 자라서
새 나라의 새 일꾼이 되겠습니다

앞에서 끌어주고 뒤에서 밀며
우리나라 짊어지고 나갈 우리들
냇물이 바다에서 서로 만나듯
우리들도 이 다음에 다시 만나세

〈참고〉 광복 후 첫 졸업식부터 사용되었다.

1951년 천진난만하고 순결한 감정이 넘치는 시절
국민(초등)학교 졸업식장은 울음바다가 되었다.
잊을 수 없는 은사님들과 친구들의 얼굴을 그려보며
감성 깊은 추억의 노래가사를 음미해 본다.

오우가(五友歌)

고산 윤선도(1587~1671)

내 벗이 몇이냐 하니 수석(水石)과 송죽(松竹)이라
동산에 달 오르니 그 더욱 반갑고야
두어라 이 다섯밖에 또 더하여 무엇하리

구름 빛이 좋다 하나 검기를 자로 한다
바람 소리 맑다 하나 그칠 적이 하노매라
좋고도 그칠 뉘 없기는 물뿐인가 하노라

꽃은 무슨 일로 피면서 쉬이 지고
풀은 어이하여 푸르는 듯 누루나니
아마도 변치 않는 건 바위뿐인가 하노라

더우면 꽃 피고 추우면 잎 지거늘
솔아 너는 어찌 눈서리를 모르는가
구천(九泉)에 뿌리 곧은 줄은 그로 하여 아노라

나무도 아닌 것이 풀도 아닌 것이
곧기는 뉘 시키며 속은 어이 비었는가

저렇고 사시에 푸르니 그를 좋아하노라

작은 것이 높이 떠서 만물을 다 비추니
밤중의 광명이 너만한 이 또 있느냐
보고도 말 아니하니 내 벗인가 하노라

〈참고〉 고등학교 국어시간을 연상하며
　　　다섯 소재(素材)의 깊은 뜻을 감상해 본다.

제7부

육필

고향의 여름밤

7-8월 해질 무렵 좁은 논둑길로
소 앞세워 갈길지고 오시는 우리 아버지
뜨름매미는 참죽나무에서
경쟁하듯 울어대고

집집마다 그림같은 굴뚝연기
콩보리밥에 열무김치 고추장 비빔밥
검붉은 풋고추에 새우젓 강된장
진수성찬이 이 아니런가

바깥마당 넓은 곳에 밀깡방석 펴고
생풀로 모깃불 놓아 구수한 연기 속에
혹여 모기 물까 비닐 비료포대 부채질로
우리 어머니께서는 자식들 곁을 지키신다

밤이 깊어 이슬 내리면
하루 종일 달궈진 좁은 방에
정 깊은 식구들 살 대고 빈틈없이 누워도
꿀잠들어 여름밤이 짧기만 하다

땡이치고 미역 감던 옛 친구들은 어디가고
어느덧 세월은 흘러 태양은 西山에 머무는데
머릿속에 많은 영상들이 끝없이 재생되어
언제 또 이런 아련한 추억이 현실이 되려는가.

   2022년 7월
    조 남 웅

내 집

앞개울에 발 담구고
뒷동산에 뻐꾹새 우는
철마다 꽃피고
녹색바람 타시며
자연식 식사에
풀벌레 소리 벗 삼아
자연속 흙냄새 맡으며
도란도란 정답게 사는
시원하고 따뜻한
초가삼간 토담집이면 어때

고대광실(高臺廣室) 안 부럽지

2022년 6월
조 남 웅

여생 (餘生)

지나온 세월은 잠깐이고
앞길은 얼마 남은지 모르는데
세월이 준 흔적은 어느 누구도 거역 못 하는 노화(老化)
청춘들아 늙었다고 무시 마라
잠시 후 자화상

잠시 왔다 쉬어가는 인생
우주속의 사막 모래알 같은 미미(微微)한 존재
높은 벼슬, 권세가, 재력가면 뭐하나
자고 나면 잠시의 꿈인데
고통보다는 마음 편한 서민(庶民)이 낫지

힘찬 아침에 동산(東山)에 솟는 이글거리는 태양
하루가 피곤한듯 서산(西山)에 머문 황혼빛으로 길을 찾아
따뜻하고 시원하고 안락한 곳에서
건강하고 마음편한 여생을 원(願)하는데···

2023년 2월

조 남 종

목적지 없는 여행

떠도는 구름, 불어오는 바람, 흘러가는 물
어디로 갈까?
목적지 없는 여행

인생도 고속 세월열차 타고 달려와
잠시 쉬어가는 정거장
목적지 없는 여행

서산(西山)에 쌍무지개 바라보며
지난 여행 회상하니
많은 사연들이 교차하는 감회(感懷)

무거운 짐 내려놓고
마음만 실은 완행 열차로
목적지 없는 여행.

2023년 9월중순
조 남 웅

소나무 한 그루

심산 유곡(深山幽谷) 절벽바위 틈에
언젠가 솔씨 하나 흩날려
몇 수백년 자라온 나이도 모르는
소나무 한 그루

작은 키에 굽은 허리
앙상한 가지에 짧은 잎이 가련하다

자연의 변화에 적응하며
만고풍상(萬古風霜) 속에서
묵묵히 인고(忍苦)의 세월을 이겨낸
강철보다 강한 생명력에 감탄한다

인간들에게 주는 교훈(教訓)을 음미하며
하늘이 주신 수명이 다할 때까지 건실하게 자라다오.

2022년 11월

조 남 을

산사 (山寺)

돌고 돌아 열두 굽이 오르내리며 도착한 곳
현무(玄武)에서 내려온 S자형 용맥(龍脈)
좌우로 에워싼 청룡(青龍), 백호(白虎)
수려한 안산(案山)
교아(交牙)의 수구(水口)를 보이는 넓은 광야

산 중턱 명지(明地)에 자리한 고즈넉한 산사

바위틈에서 솟아나는 생명수로 갈증도 풀고
산들바람 마시니 산기(山氣)가 충만(充滿)하다

부처님 앞에 무릎 꿇고 앉은 여승(女僧)의 가냘픈 목탁소리
무슨 사연 안고 깊은 산중에 왔을까
부처님의 자비(慈悲)에 귀의(歸依)하여 중생 구제하러
심오(深奧)한 철리(哲理)를 득도(得道)
속세(俗世)의 번뇌(煩惱) 잊는 염불(念佛)일까

보살님이 내 주시는 산사의 차(茶)
산새들도 반가운 듯 지저귀며
다람쥐는 발끝까지 와 아양을 떨고
벌, 나비는 꽃을 찾아 앉는다

무(無)에서 무로, 공(空)에서 공으로 돌아가는 인생사
부질없는 탐욕, 복잡한 세상사 모두 버리고
부처님의 가르침과 자연의 교훈을 배우며
무심(無心)으로 청결한 곳에서 건강하게 살고 싶다

2022년 5월 조 남 용

한가위

한가위, 음력 8월 정(正) 가운데
보름달이 크게 뜨는 날

해뜨고 지고, 바람부는 똑 같은 날에
명절이라 정(定)하여
한가위 준비에
동분 서주 바쁘다

햇곡식 햇과일로
조상님께 차례 올리고
선영님 산소 찾아 뵈오니
자손의 자부심이 흐뭇하다

예쁜옷에 맛있는 음식
풍성했던 옛 시절은 역사속에 잠기고
친척들 오랫만에 만나
못 다한 대화가 아쉽다

  2023 (癸卯)년 추석일

    조 남 웅

기해년(2019) 맞이

백화 만발에
신록 물결이 춤을 추고

폭염으로 대지가 이글거리며
만물이 힘차게 성장하고

그윽한 국화향기 천리를 뿌리며
녹음이 단풍으로 물들고

혹한과 백설이 광야에 덮이어
어느덧 무술년 세모가 되었네

기해년 복돼지를 맞이하여
건강과 행운을 빌어 본다.

2019년 1월
조 남 웅

봄비 (2)

우수(雨水) 절기에
봄비가 내린다

자연의 순리 따라
만 생명 일깨우는 봄비

앙상한 나무에
살찌우는 봄비

꽃망울 재촉하는
보석같은 봄비

잔잔한 이슬같이
대지를 적시는 봄비

어제도 오늘도, 들에도 산에도
하염없이 내리는 봄비.

2024년 2월 우수일

조 남 웅

늦가을

양털같이 부드라운 11월 하늘
황금빛 너울거리던 지평선
사토덩이만 뒹굴고
앙상한 감나무
까치 밥이 외롭다

태양은 서산에 기우는데
석양빛 받으며 나는 기러기
얼마나 남은지 모르는
정처없는 무거운 발길
낙엽 쌓인 쉼터에 앉아 본다

고왔던 단풍은
찬 바람에 흩날리고
무서리에 시든 덩굴식물
벌, 나비도 찾지 않는 향기 잃은 국화
우리의 자화상인 듯
깊어가는 삭막한 늦가을.

2024년 11월 하순

조 남 용

제8부

삶의 흔적

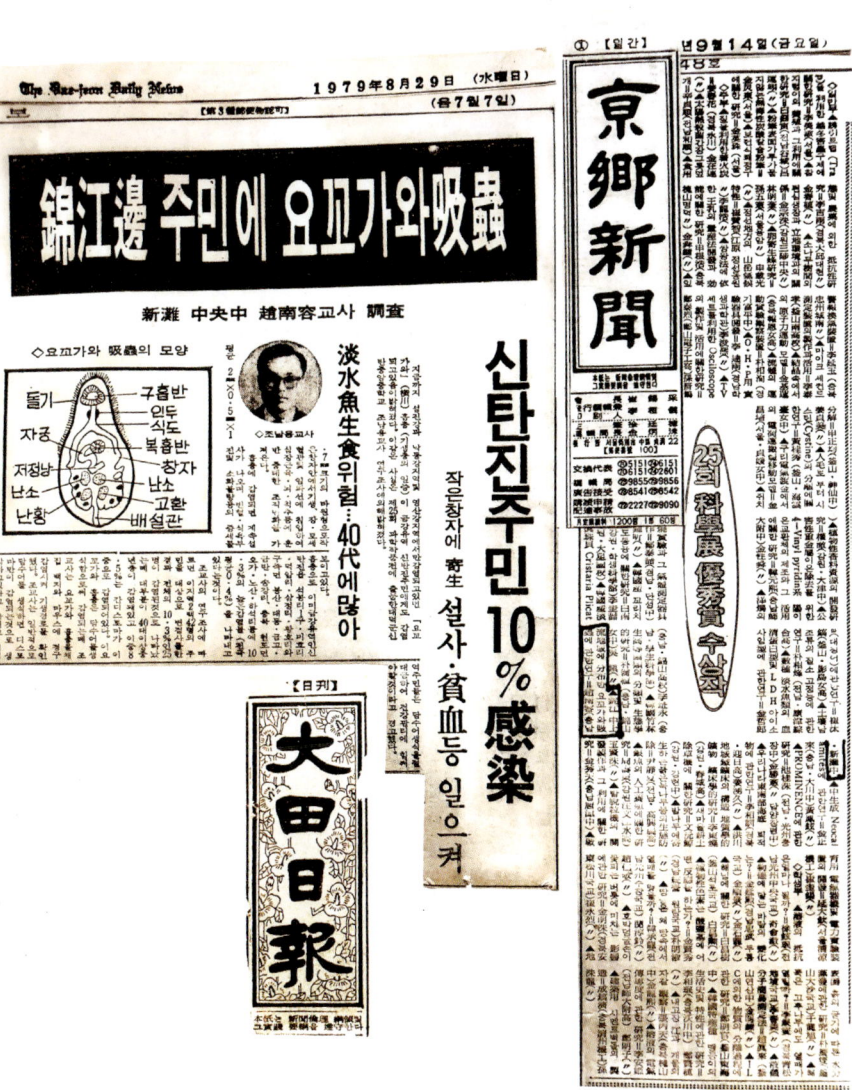

과학연구작품 신문기사 (1979.08.29(수), 대전일보)

과학연구작품 신문기사
(1979.09.14(금), 경향신문)

과학연구작품 신문기사 (1979.08.29(수), 대전일보)

■스승의 날 어떻게 시작됐나

기사분야 : 사회 [대한매일]

게재일자 : 05월14일

■스승의 날 어떻게 시작됐나

충남 논산시 강경고(교장 趙南容) 학생들은 해마다 '스승의 날'이 돌아오면 가슴이 뿌듯하다. '스승의 날'의 발상지라는 자부심 때문이다.

강경고 학생들이 스승의 날을 기리기 시작한 것은 63년. 교내 JRC(청소년적십자·RCY의 전신) 학생들은 5월8일을 '은사의 날'로 정해 첫 행사를 가졌다.

이 행사는 곧 충청남도 내 학교들로 번졌고, 전국의 모든 학교가 스승을 기리는 행사를 가졌다. 이에 따라 정부는 65년부터 세종대왕 탄신일인 5월15일을 '스승의 날'로 정했다. '스승의 날'은 73년 유신정권의 서정쇄신(庶政刷新)이라는 명목 아래 폐지됐다가 82년 부활됐다.

강경고 학생들은 며칠 전부터 쉬는 시간을 알리는 종이 울리면 책상에 넣어둔 색종이를 꺼내 선생님들에게 드릴 카네이션을 만들고 있다. 몇몇 학생들은 수업이 끝난 뒤 강당에 모여 선생님들을 위해 마련한 연극과 합창 연습을 한다.

강경고에는 교훈 말고 '존경받는 스승, 사랑받는 제자'라는 학교혼(魂)이 있다. 학교혼에 따라 제자들은 스승을 우러르고, 교사들은 월급에서 5,000원씩 떼어 장학금으로 내놓는 사랑을 베푼다.

이종락기자 jrlee@kdaily.com

스승의 날 기사(2000.05.14(일), 대한매일)

教育新報

2000년 5월 17일 수요일
제1065호

"스승의 날" 발원 올핸 기념탑도 세워

"특색있는 학교" 순례
충남 논산시소재 강경고등학교

◇ 조남용 교장

○스승의 날 수업이 끝난 후 학생들이 주관으로 행사를 벌이고 있다.

청소년층, 교권 실추, 교시를 골탕하는 아이들, 공교육 부실, 학교폭력과 학교와 사제간의 이름 뒤내기게 하는 스승이 있다. 바로 충남 논산시 소재 강경고등학교 교장 조남용)

강경고등학교는 1939년 강경공립 실과여학교로 설립되어 98년까지는 여학교였으나 98년 강경고등학교로 개편, 남녀공학의 이 문제학교로서 18학급 626명의 학생과 49명의 교직원으로 구성되어 오늘에 이른다.

▲ 스승의 날 발원지

학교마다 나름의 전통이 있지만 강경고등학교는 '스승의 날'이 처음 시작된 곳이라는 특별한 의미를 지닌다.

6년전, 강경여고를 졸업한 유석단 학생회 적십자단원(RCY)이 병석에 누워계신 선생님을 방문, 스승의 은혜에 감사하는 정성을 표현한 것이 스승찾기의 시작이었다. 이 스승찾기 운동이 논산시내 9개교로 확산, 6년뒤에는 전국 504개교로 이 운동이 퍼져나갔다. 69년 대한교육연합회 청소년 부 RCY위원회에서 대회대회 탄생된 5월 15일을 스승의 날로 제정할 것을 적십자위원회 하계봉사에 건의함과 더불어 받아들어져서 스승의 날로 제정된다.

72년 유신체제 하에 '하얗힐한 불쾌한 행사'에 의거 스승의 날 행사를 일시 무행하여 82년에 이르러 5월 15일을 '스승의 날'로 지정하여 민족의 전환기, 시일신 올해로 19번째 맞이하는

할 스승의 날이 이런 역사적 피라로 19 번째를 맞게 됐다.

▲ "스승의 날" 행사

스승의 날이 발원된 학교로서 강경고등학교의 학생들은 대단한 자부심을 지니고 있으며 스승존경에 대한 학교보다도 앞서 가고 있다.

매년 스승의 날 수업이 끝난 후, 학생회 주관으로 전교생과 선생님을 강당에 모아 기념식을 갖고 스승을 위해서 노래, 연극, 댄스팀의 기예공연을 연다. 또한 신일 인해 실추된 교사의 권위를 회복하고 제자 사랑을 실천하려 교육의 힘을 다시 살려보자는 것이다.

또 이런 정신의 실천으로서 이 학교 교사들은 어려운 제자들을 위해서 빠짐없이 매달 월급에서 5,000원을 떼어서 장학금으로 지급하는 전통을 10년이 넘게 이어오고 있다.

▲ 기념탑 건립

스승존경과 제자사랑의 오랜 전통을 지닌 학교답게 올해에는 뜻깊은 행사가 열린다. 5월 14일 스승의 날 기념탑 건립이 그것이다. 강경고등학교의 영 건물이던 강경여중 (구 강경여자 교직)과의 중간지점에 건립되는 이 탑은 대한적십자사에서

옛스승 찾아뵙기 · 명예교사제 운영 등 뜻 깊게
전일제 클럽활동 관내기관 협조 각종 시설 이용
학생회장 선거 "민주시민교육"의 체험장 구실

○스승의 날 지역사회 명사를 초청, 특강을 실시하고 있다

님께 드리는 카네이션을 시장에서 구입하지 않고 학생들이 손수 만들어서 출근하는 선생님들에게 달아드리는 전통을 이어오고 있다. 또 금년부터 오후시간을 이용, '옛스승 찾아뵙기' 행사도 갖는다.

또 이 날은 명예교사제도를 운영, 관내의 유명인사를 초청해서 특강을 시행한다. 올해는 강경을 번영회장을 초청, '내고장 사람'이라는 주제로 애향정신에 대해서 강의를 듣는다.

98년도부터는 스승존경과 제자사랑의 교육봉사로를 조성하기 위해 존경받는 스승, 사랑받는 제자'라는 주제로 교육봉사정, 사제간에 신뢰와 사랑이 넘치는 학교를 위해 노력하고 있다. 이로

충남의 강경지역 청소년적십자 단원들에 의하여 현재에 이른 '스승의 날'의 의미를 더욱 기리고자 추진한 것이다. 이 행사에는 갑 모금운동에 참여한 전국의 청소년적십자 단원과 후원자들이 대한 약 1,200명이 참석, 재막식을 갖는다.

이 곳은 앞으로 교사와 학생, 지역 주민이 참여하는 문화공간으로 자리잡게 되고 스승의 은혜를 돌아보는 청소년의 건전한 가치관을 형성, 정서 함양의 장소로서 또 청소년 적십자의 '사랑의 봉사'를 실천하는 지표로서 활용될 계획이다.

▲ 특기 적성 활동

이외에도 강경고등학교는 특기 적성교육을 중시하는 학교로 자랑할 만하다.

97년부터 '전일제 클럽활동'을 시행해와 매월 셋째주 토요일, 등산, 볼링, 수영, 바둑등 취미들이 학교답은 활동들과 기존의 협조를 받아 관내의 시설들을 유용게 이용하고 있다. 또 99년에는 '일 반학교 시범학교'로 지정된 것을 계기로 스포츠, 연극등 38개학분 구성, 교사 학생 간 앞에 참여하고 있다. 회의적인 교육방식을 탈피, 학생개개인이 진정 흥미를 가질 수 있는 분야를 키워줘야 한다는

취지에서이다. 이와 관련해 조교장은 "일주일에 한시간 정해서 하는 형식적인 클럽활동은 효율성과 흥미지향면을 살리지 못해도 나오지 않는다"며 "학생들이 각자 흥미를 갖는 부문을 키워주는 것이 중요하다"고 말한다. 또 20년 전통을 자랑하는 '사생회 동아리'가 있다. 현재 72명의 회원으로 활동하고 있는 '일꾸비봉육부'이 활동하는 모임이다. 이 회원들은 독서토론, 학교봉사 나이가 인근의 사회복지시설을 방문, 고아원 아이들 목욕시키기등 알곡저럼 실천하고 보람있는 활동들을 해오고 있다. "지적교육도 중요하지만 인성교육이 정말 시급하고 중요하다"는 조교장의 철학이 학생들의 일상속에서 실천되고 있는 것이다. 실제로, 방과후 특기적성활동소 나이가 인근의 사회복지시설을 방문, 이 처음 시작된 곳도 바로 이 학교였다.

▲ 민주시민교육

강경고등학교는 또 '민주시민육성'의 산교육장이다. 지난 4월 실시한 학생회장 선거는 온전한 민주주의를 체득할 수 있는 시간이었다. 후보들의 소견발표를 들은 학생들은 실제 마련된 기표소에서 일일이 국민 선거어느 투각한 방법으로 투표를 했다. 경험속에서 깨달아 얻는 교육적 효과가 있었다.

4월달에는 학교운영위원회가 재조직되고 교장선생님을 비롯한 문영위원들은 어린이 사소이 사업에 대한 민주적인 절차를 거쳐 모든 일을 처리하고자 한다. 하운의 외와에 학부모회, 지모활동 자생조직이 현재적이며 주체적인 활동을 하고 있다. 교내서 조교장의 방은 아이들로 북적대어 언제든, 누구든, 어떤 일이든 교장실에다 담아이 논의할 수 있게 하기 위해서다. 이런 민주적인 학교운영이 부분으로 99년에는 학교평가부분에서 최고성적을 얻었다.

조교장은 요즘의 교육현실에서 교사가 진정 학교1위자라면 '행정과 현장이 연계되어야만 한다'며 또한 '학부모, 학생, 교사간 신뢰가 바탕이 돼 긴밀한 관계속에서 교육이 이루어져야 한다'고 강조한다. 우선문 봉기 있다면 '학교현장에 몸 담 지 않은 성장이 주어진다면 장외상의 교육이 이루어 질수 있을 것'이라고 말한다.
(조순이 기자)

스승의 날 기사 (2000.05.17(수), 교육신보)

특별기고 |

큰 꿈과 큰 야망

제 17대 교장 趙 南 容

여러 가지로 교육활동에 바쁘신 중에서도 비단강(제4호)을 발간한 강경고등학교 張基相 교장선생님과 교직원 여러분께 축하의 말씀을 드리며, 또한 저에게도 집필의 기회를 주신 점 대단히 고맙게 생각합니다

저는 1999년 3월1일자로 강경고등학교에 부임하여 1년 6개월간 봉직하였으나 지금 회고해 보면 학생과 교직원을 위해 더 많은 일을 했어야 했는데 아쉽기만 합니다

비단강은 강경고등학교의 상징이며 면면히 이어온 역사와 전통의 숨결이 어린 교지입니다 보다 알차고 학생들에게도 정신적 귀감이 되는 내용으로 엮어진 비단강은 영원 불멸하며 학교의 발전과 더불어 지역과 본교의 교육발전에 큰 새바람을 불어넣는 촉진제가 될 것입니다

"존경받는 스승, 사랑 받는 제자" 라는 슬로건아래 명문전통 이어가는 활기찬 강경고등학교를 이룩하여 옛날의 명성을 되찾아야 하겠습니다

차제에 학생 여러분에게 몇 가지 당부하고자 합니다 학생 여러분은 적극적이고 늠름한 모습으로 자기 발전과 앞날의 성공을 위하여 꾸준한 노력과 도발적인 강인한 정신이 무장되어야 하겠습니다. 행복과 발전과 성공은 누가 안겨주는 것이 아니고 자기 자신이 개척하고 이루어야 할 소명과제이기에 자신이 얼마나 노력을 기울였는가에 따라 다르게 나타납니다

같은 선상에서 출발한 육상선수가 몇 초 후에는 결승점에 다르게 골인되는 원리는 그 선수가 평소에 얼마나 열심히 연습과 고된 훈련을 받았는가에 따라 다르듯이 학생 여러분은 지금 같은 선상에 선 출발점이라고 할 때 몇 년 후에 나타나게 될 동료간의 간격은 일치할 수 없을 것입니다

선두주자와 후발주자가 나타나게 되는 것은 지금의 시간을 얼마나 유효하고 값지게 활용하였는가 또 노력의 여하가 어떠하였는가에 따라 다를 것입니다.

사람의 능력은 큰 차이가 없고 개인간의 격차는 노력과 열성의 차이라고 생각되며 학생 여러분이 지금 할 일은 각자의 목표와 도착점을 향하여 열심히 공부하고 노력하는 길밖에는 아무 것도 없습니다. 무목적인 허송세월은 불행과 허탈감만이 기다리고 노력과 땀으로 얼룩진 결과는 기쁨과 자아발견의 희열로 도취되어

역대 교장

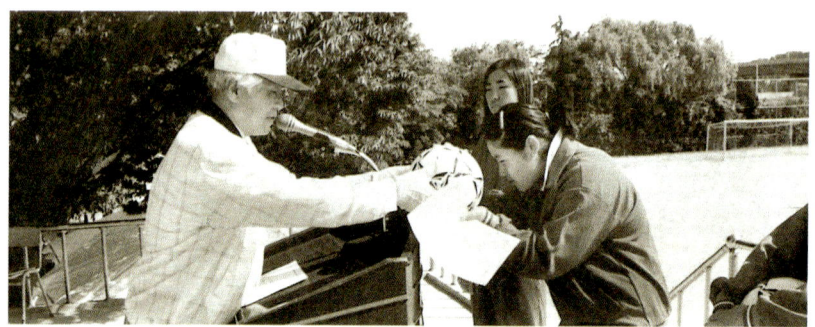

생의 보람을 찾을 것입니다

　내가 등산에서 얻은 교훈은 여러 가지가 많습니다만, 특히 정상을 향하여 가파른 길을 올라갈 때는 무척 힘이 들고 어렵지만 이것을 참고 굳은 의지로 정상에 섰을 때의 기쁨과 쾌감은 온 천지가 눈 아래에 보이는 정복자이고 승리자라 자부되어 기쁨을 만끽하고 하산하는 길은 수월하고 편안하기에 가슴 뿌듯합니다 학생 여러분이 지금과 같은 어려운 산을 오를 때의 고난은 잠시지만 정상을 정복하고 하산하는 길은 앞으로 살아가야 할 길고 긴 행복한 세월들입니다.

　세계는 나날이 변화하고 있고 여러분들의 앞날은 밝습니다. 무궁무진한 새로운 지식과 정보를 개발해야 할 소명 자는 바로 여러분들이기에 높은 긍지를 가지고 개척해야겠다는 각오로서 잠시의 고통을 극복하고 열심히 노력하길 바랍니다

　학생 여러분은 큰 꿈과 큰 야망을 가져야만 되겠습니다. 사람은 누구 나가 소질과 특성이 있고 해낼 수 있는 힘이 있습니다. 아무리 날이 선 칼도 안 쓰면 무뎌지고, 무딘 칼도 갈고 닦으면 날이 서는 것과 같이 여러분들의 머리도 자신의 꿈과 야망의 고지를 향하여 연구하고 노력할 때 그 기능을 발휘하고 발전하게 됩니다.

　여러분들은 실력이나 인성. 능력. 지도력 등이 도내에서 가장 뛰어난 교장선생님과 여러 선생님들을 모시고 배우고 있는 행복한 학생들입니다 이렇게 훌륭한 선생님들 밑에서 배우고 있다는 것을 매우 감사하게 생각하여 선생님들을 존경하고 참 가르침을 잘 받아 여러분들의 큰 꿈과 큰 야망이 실현되길 천 만 바라겠습니다

　강경 고등학교의 무궁한 발전과 번영이 날로 더하여 누구나가 오고 싶고 더 공부하고 싶고 더 오래도록 근무하고 싶은 명문고등학교로 거듭나길 고대하며 빛나는 강경고등학교의 얼이 담긴 비단강 제4호의 발간을 다시 한 번 진심으로 축하드리며 영원토록 이어지길 바랍니다.

비단강 2002.1

강경고등학교 교지『비단강』특별기고문(2002년 1월)

(사) 상주 양진당 전통문화 수련원

풍양조씨 연수원 제34기 뿌리교육 연수

[제2기분 장학금 수여]

상주 양진당 연수원에서 8월 11일부터 8월 15일까지 4박5일 동안 연수생 33명이 참석하여 2016년 제34기 뿌리교육 연수를 실시하였다.

8월 12일 11시 개강식에는 浚熙 이사장, 南谷 연수원장과 연수원 관계자가 참석한 가운데 서울에서 璡九 대종회장을 비롯한 대종회 회장단 그리고 풍양조씨 수요회 회원 30명이 개강식에 참석하여 연수원 개강을 축하였다.

이날 행사는 2기분 장학금 수여식과 신임 南容 연수원장 취임식을 겸한 행사였다.

신임 연수원장 취임사

연중에서 가장 무더운 삼복염천에 경향각지에서 원근을 불문하시고 참석하신 여러분께 깊은 감사의 말씀을 드립니다.

우선, 여러 가지로 부족하고 식견이 좁은 제가 우리 연수원의 열한 번째 원장으로 선임됨에 중책에 따른 많은 걱정과 두려움이 큽니다.

보물 1568호로 지정, 보호를 받고 있는

趙 南 容
풍양조씨 연수원장

이곳 양진당 우리연수원은 옛 조상님의 고귀한 숨결과 얼이 깃들어 있으며 인간으로서 갖춰야 할 충효와 예의, 도덕을 몸소 실천하신 훌륭한 교육의 도장입니다.

역대 원장님들이 이루신 많은 공적과 유지를 받들고 여러 어르신들의 지도와 충고를 받아 더 격조 높은 연수기관이 되도록 노력하겠습니다.

우리 풍양조문의 자랑스러운 뿌리전통교육

의 신당인 우리연수원이 탄생 된지가 어느덧 서른네살로 청장년이 되었습니다.

문중의 전통교육기관으로는 전국 최초이고 유일한 우리연수원이 그 동안에 배출한 영재 인원도 1,100여명에 이르고 있으며, 이들은 현재 국내외의 각계각층에서 중요기관의 CEO로서 활발히 활동하고 있습니다.

조준희 전 원장님께서는 우리연수원 개원 30주년 기념행사와 함께 역사를 한눈에 볼 수 있는 책자도 발행하셨습니다. 그리고 사워실과 화장실을 갖춘 관리동(管理棟)을 준공하게 되어 어려운 국가예산을 지원받아 새로운 현대식 연수시설을 완공하셨고, 사단법인 상주 양진당 전통문화수련원으로 등록도 하셨습니다. 참으로 큰일을 하셨습니다.

그동안 좀 부족했던 부분이 있었다면 보완하면서 제 임기동안 최선을 다 하겠습니다. 존경하는 대종회장님과 각 종파 회장님께서도 많은 관심을 가져주시기 바라오며, 내빈 및 종현 여러분의 적극적인 협조와 지도가 있으시길 부탁드립니다.

저는 재단법인 풍육장학회를 8년간 맡아 운영하면서 큰 과오 없이 마치게 된 것은 훌륭하신 종현 여러분의 덕택이라 생각하며 감사의 말씀을 드립니다.

또한 많은 장학성금을 기탁해 주신 대종회장님과 각 종파회장님 그리고 많은 종현 여러분께도 감사의 말씀을 드립니다.

풍육장학회와 우리 연수원과는 밀착관계가 아주 두터웠습니다. 장학생들은 의무적으로 오늘과 같은 연수에 참가하였고 지금까지 풍육장학생들은 650여명이 수료하였습니다.

장학생 여러분! 휴가철에 바다나 계곡에 가서 보내는 시간보다는 이곳 연수원에 입교하여 우리의 근본인 뿌리를 알고 인간으로서 갖춰야 할 예절과 도의를 배우고, 선조님의 빛나는 업적과 정신을 체험과 견학으로 익혀서 자랑스러운 풍양인이란 긍지와 자부심을 꼭 만끽하시기 바랍니다.

우리연수원의 시설이 좀 불편한 점이 있으나 이곳은 우리 조상님의 전통과 역사가 어려 있는 숭고한 곳입니다. 어려움을 참고 이기는 것도 공부이니 강한 인내심으로 다른 어떠한 연수에서도 공부할 수 없는 좋은 기회를 최대한 이용하여 수료하는 마지막 날까지 한사람의 낙오자도 없이 전원이 알차고 보람되고 건강한 연수가 되기를 진심으로 바랍니다.

장학생 여러분! 여러분은 우리문중의 아름다운 큰 꽃으로 태어났습니다. 앞으로 여러분은 큰 열매를 맺어야 합니다. 이것은 본인의 영광은 물론이고 부모님에 대한 효도요, 문중과 국가에 큰 기둥이 되어 보답해야 합니다.

여러분! 이 세상에 공짜는 절대 없습니다. 노력과 결과는 비례합니다. 남보다 많이 노력하시고 열심히 공부하여 그 분야에서 제일인자로서의 역할을 다 하십시오. 여러분은 꼭 그렇게 되리라고 믿습니다.

충과 효를 다하시고 대성하십시오.

끝으로, 더운 날씨에 오늘 개원식과 함께 여러 행사 준비를 위하여 그동안 수고를 많이 하신 조성도 부원장님과 여러 어르신들 그리고 관계되시는 모든 분들께 감사를 드리며, 특히 가사를 제쳐하시고 더위에 식사준비를 위하여 수고하시는 종현 안주인들께도 깊은 감사의 말씀을 올립니다.

여러분들의 가정에 건강과 행복이 충만하시길 진심으로 기원 드립니다.

대단히 고맙고 감사합니다.

『豊壤趙氏宗報』제41호 '풍양조씨 연수원장 취임사'(2016년 하)

대전 효문화 뿌리축제

시월상달 쾌청한 가을날에
한밭고을 큰 잔치 효문화 뿌리축제가 열렸는데
코스모스, 국화 향기 만발하고
하늘에는 드론이 축하 비행한다.

趙 南 容
(대종회 고문)

식물도 뿌리가 있어 성장하듯
인간도 대대로 이어온 뿌리로
조상님의 얼을 받아 효의 근간(根幹)을 이루고
효와 윤리 도덕 숭상(崇尙)은 인간만의 본질이다.

성씨별로 제작된 기(旗)를 앞세우고 후손들이 뒤따라
남녀 아나운서의 성씨별 해설을 들으며
전국 유일의 이백사십여 문중 조형물이 세워진
뿌리공원 넓은 광장에 입장한다.

우리 풍양조문(豊壤趙門) 후손들은
도포(道袍) 입고 유건(儒巾)과 행전(行纏)을 갖추고
서른세번째 풍양조씨 기를 앞세워
숭조, 돈친, 육영의 문중기를 따라
가을바람에 도포자락 엷게 날리며 근엄(謹嚴)하게 입장하니
수많은 사람들의 환호와 박수갈채를 받아
풍양인으로서 자부심이 뭉클하다
옛 선비 행차(行次)가 이에 비할 손가
년년(年年)이 보완하며 발전하고
풍양조문의 위상을 더욱더 높이어
조상의 위대한 뿌리를 후손들에게 심어주고
우리의 자긍심과 문화창달(文化暢達)에 매진하여
전국 명문가문으로 우뚝 서길 기대한다.

2022년 10월 8일

『豊壤趙氏宗報』제53호 기고문(2023년 상)

글마당

우리 대종회

趙南容
<대종회 고문>

풍양조씨 우리 대종회에서 제공한 주요 연혁 기록에 의하면 1630년 시조 시중공 휘 孟 자 묘소 개봉분 고유제 봉행, 1634년 시중공 묘비 입석과 1715년 시중공 묘소 개사제(改莎祭) 봉행으로 문헌상 대종회의 효시라고 할 수 있습니다.

약 310년의 오랜 역사를 가진 우리 대종회는 발전에 발전을 거듭하여 오늘에 이르고 있으며, 그동안 헌신적으로 공헌하신 선조님들께 존경의 배례를 올립니다.

1. 세보(世譜) 발간 역사
가. 1731년 신해보 3책 목판 창간
   (상주 청계사 보관)
나. 1760년 경진보 9책 목판
   (상주 남장사 보관)
다. 1826년 병술로 15책 목판 3중간
   (상주 남장사 보관)
라. 1900년 경자보 부록 포함 29책 4중간
마. 1978년 무오보 7책 5중간
바. 2006년 병술보 색인부 포함 9책 6중간

2. 세록
가. 1981년 세록 신해간 3책

나. 1995년 문집총서 8,9집
다. 2001년 문집총서 10,11집
라. 2004년 풍양조씨 문헌고
   저자 일평 조남권 선생, 풍육장학회 편집
   이외에도 많은 간행물을 발간 보급하였습니다

3. 화수회, 대종회 창립
가. 1949년 화수회 준비위원회 구성
   1950년 창립총회 개최,
   초대회장 우천 조완구 선생 선출
   서울 중림동 사무실에서 업무 시작
나. 1954년 6.25로 중단된 화수회
   재건추진위원회 개최
   1956년 제2회 화수회 정기총회 개최,
   회장 조대연 선출
다. 1993년 화수회를 대종회로 명칭 변경
라. 1995년 서울 강남구 개포동 현재의
   풍양빌딩 사무실로 이전
마. 2008년 건성암 요사채 준공
바. 2017년 종기(宗旗), 휘장 제작
사. 2017년 제62회 정기총회(회장 瓛九)에서 대종회장 선출을 5대 종파별 윤번제로 회칙 개정 선포

4. 종훈(宗訓) 숭조, 돈친, 육영
시중공 동상 봉안, 묘소 정비, 묘소 진입로 계단 확장, 묘역 숲 정리, 건성암 증개축 추진.

불상 3구, 불화 6점을 경기도 유형문화재로 지정 받았으며, 시중공 세일제와 춘향제의 큰 제향 행사를 품위와 격식에 맞춰 진행하고, 전국 5대 종파 시행에도 참석하며 우천조완구선생기념사업회, 대전효문화뿌리축제 등 숭조정신 함양과 풍양조씨 종보 제작 전국 배포, 수요회(친목회), 풍골회(풍양조씨 골프 친목회), 각종 행사를 통한 만남과 소통의 기회 등은 돈친의 정을 더욱 두텁게 하였고, 재단법인 풍육장학회, 풍양조씨 연수원, 여러 지파별 장학회 운영 등 인재양성에 전력을 다하고 있어 미래가 촉망됩니다.

5. 민주적인 대종회 운영

대종회의 역점사업을 회장단회의, 이사회, 정기총회에서 격의 없이 협의하여 건설적이고 발전적인 의견은 대종회 운영에 최대한 반영하고, 2016년 이사회에서 결의되고, 총회에서 통과된 풍양조씨 종보기부금 규정에 따라 가구당 년2만원으로 시행하고 있는데 전국적으로 호응도가 높아 기대 이상의 성금이 모금되고 있는 것은 오직 대종회의 투명하고 정확한 신뢰도가 있기에 자발적인 참여로 인기도가 높습니다.

6. 인터넷 족보 사업 추진

2024년 2월 제69회 정기총회에서 통과된 인터넷족보 사업은 그동안 오랜 역사를 통하여 제작한 책자 족보에서 정보화 시대에 맞는 인터넷족보로 전환하게 된 배경으로 세부 일정과 추진 계획을 면밀히 수립하여 용찬(鏞粲), 전 기업은행 부행장 종인을 인터넷족보 제작위원회 사업국장에 임명하고, 각 지파별로 위원을 선정하여 2006년 발행한 병술보 기록 내용을 수정 없이 원본으로 하여 인터넷판으로 편찬하고 있습니다. 이후 발생된 출생, 결혼, 사망 등 신상에 변화된 내용은 수단으로 신고 받아 수시로 등재하게 되는데 이렇게 중요한 인터넷족보를 착오 없이 제작하는 대종회 역사상 큰 사업이 진행되고 있으며, 우리 종인들은 이에 적극 협조하여 보다 훌륭한 우리 풍양문중의 족보가 새롭게 탄생되길 바랍니다.

7 우리 대종회의 미래

우리 대종회는 오랜 역사 속에서 수많은 사연과 함께 면면(綿綿)히 이어져 오늘에 이르렀습니다.

과거 선조님들의 역사는 정승, 판서, 참판, 관찰사, 외국사신 등 많은 분들께서 나라에 충성하시어 우리 풍양 문중이 명문 문중으로 널리 알려졌는데, 지금은 과거에 비해 저조한 상황으로 아쉬운 점이 많으나 인재양성에 적극 노력하고 있으니 장래가 기대됩니다.

동성동본 백대지친(同姓同本 百代之親)으로 촌수나 혈연은 멀어도 항열(行列)로 조항(祖行), 숙항(叔行), 형, 아우 등으로 호칭하며 우리 풍양인 125,000명은 시중공님의 피와 얼을 받아 온 후손들로서 한마음 한뜻으로 굳게 뭉쳐 숭조, 돈친, 육영정신을 실천하고 역대 회장님들이 다져놓은 튼튼한 기반위에 우리 대종회가 날로 발전하여 전국 제일의 문중으로 영원무궁할 것으로 확신합니다.

宗鉉 대종회장, 南敎 사무총장, 龍九 우천조완구선생기념사업회장, 鏞粲 인터넷족보사업국장, 局衍 수요회장, 浚熙 풍골회장, 李愛英 재무과장 등 여러분의 노고에 감사드립니다.

※ 참고자료 대종회 연혁, 대종회 회칙, 풍양조씨 종보, 회장단 회의자료, 제22대 임원명부

제9부

잊을 수 없는 옛 모습

어머니와 동생(1942년)

약혼사진(1959.12.29.)

전통 혼례식

아버지 회갑연(1966년)

아버지 존영(1982년)

어머니 회갑연(1980년)

어머니 회갑연에 친인척과 함께(1980년)

장인어른 회갑연(1968년)

어머니, 장모님(1978년)

어머니, 장모님(법주사, 1994년)

삼형제(1969년)

가족 사진(1974.01.26.)

법주사에서 부모님 모시고(1976년)

고향집 마루에서 할머니 모시고 삼형제,
오른쪽 2명은 조카 희정, 수연(1981년)

세도국민학교 제24회 졸업 기념(1951.08.10.)

세도국민학교 제24회 동창회 기념(1957.08.08.)

강경고등학교 정년퇴임식(2000.08.26.)

강경고등학교 정년퇴임식 단체사진(2000.08.26.)

2016년도 풍양조씨 연수원 개원식(2016.08.12.)

가족 사진(2011년)

조남용 시집

세월이 준 선물

초판 인쇄　2025년 3월　5일
초판 발행　2025년 3월 10일

지은이 | 조남용
펴낸이 | 강신용
펴낸곳 | 문경출판사
전　화 | 34623 대전시 동구 태전로 70-9(삼성동)
전　화 | (042) 221-9668~9, 254-9668
팩　스 | (042) 256-6096
E-mail | mun9668@hanmail.net
등록번호 | 제 사 113

값 15,000원

ISBN 978-89-7846-867-1　03810

ⓒ 조남용, 2025

*무단 복제 복사를 금함
*잘못된 책은 교환해드립니다.